神の選択

終末への序曲

下塚　誠
Makoto Shimotsuka

たま出版

はじめに

本書は、人類に対する警告の書です。

かつて、人類は自らが招いた堕落によって、前生記憶を封印され、今生（現在の生活）が、過去生において自らが作った悪しき業（カルマ）を浄化するための肉体行であることをすっかり忘れ去ってしまいました。

産業革命以来、科学技術の進歩とともに、ほとんどの人間は唯物論者となり、我欲に発する物欲に奔《はし》り、拝金主義者となり、弱肉強食の資本主義社会を構築し、サタンが望む守銭奴と化してきました。

この人類総サタン化が、遠からぬ将来にハルマゲドンを招来し、今や人類は未曾有《みぞう》の存亡の危機に直面しているのです。

しかし、この危機は今ならまだ回避する余地が残されており、その回避の手段を知る私は、自分に与えられた使命として、木鐸《ぼくたく》となるべく本書を上梓するに至りました。

平成二十二年二月一日

下塚　誠

目次

第一章

なぜ、不動明王は現れたのか

一　怖がり少年がテレビのヒーローに

私は幼少の頃から霊感が強く、暗闇を怖がる子どもでした。寝床に入ってもすぐには寝つけず、目を開けるといつも幽霊が見え、物心がつく頃には、それが生身の人間ではないと気づき、恐れるようになったのです。布団を頭からかぶり、恐怖心のうちに寝入ることもしばしばでした。

私が二十歳の時のことです。

私は東京の俳優養成所に二年間通ったのですが、なかなか芽が出ず、このまま売れない俳優生活を続けるのか、あるいは大学を出て安定した職に就くのかで迷った末、とりあえず、神戸の実家に帰ることにしました。

帰ると父親は、国公立大学の学費なら出してやる、と言ってくれました。一旦は俳優業への夢を断ち、再度受験勉強を開始したのですが、俳優への未練は募るばかりで勉強に身が入らず、つらく苦しい先の見えない日々を悶々と過ごしていました。

ある夜のことでした。

私が実家の仏壇に灯明し、線香を立て、手を合わせていた時のことです。実家は浄土真宗なので「南無阿弥陀仏」を何度も唱えました。そして、「ご先祖様、僕はどうしたらいいのでしょうか！」と問い詰め、ただ仏壇の前に座っていました。見慣れている仏壇のはずなのに、漸次、中央に立っている阿弥陀如来像に妙な親近感を覚え始め、さらに如来像が、私が物心つく前に恐れていた幽霊と何か似ているな、とその時初めて気づいたのです。

そして、暗闇の中に金色に輝き、じっと私を見つめていた〃幽霊〃が、実は如来さまだったのだ！　とその時、豁然《かつぜん》と悟りました。多少の驚愕はありましたが、眼前に在るのはただの仏像なので恐怖心は全くありませんでした。

灯りは蝋燭《ろうそく》のみ。その炎が時折パチッと立てる音だけという静寂の中で、私は無心になっていました。線香の長さが三分の一くらいになった時です。何と、仏壇の内部が急に動き出したのです。実家の仏壇には阿弥陀如来像を中心に、右側には「南無阿弥陀仏」と書かれた札が貼ってあり、左側には、三田光一という超能力者が念写したと言われている空海（弘法大師）の写真が貼ってありました。そして、手前下段には位牌、花、供物、燭台、線香立て、鈴などが置かれています。はじめは私の目の錯覚かと思いましたが、確かに仏壇の内部が動き出しているのです。

まず右側の札が下がり、続いて空海の写真が上がり、如来像の光背を境にして仏壇の内部が回転を始めました。ただ、その動きは仏壇の内部だけで、仏壇の外側や横に置かれた箪笥や壁は静止しているのです。

回転は次第に速く激しくなり、ついには札も写真も位牌も花も、仏壇内部の何もかもが識別できないほどの高速回転となりました。

私は一体何が起こっているのか全く理解できず、ただ呆然と見ているだけでした。

到底この世のものとは思えない高速で回転し、仏壇内のすべてが溶け合ったと感じた時でした。如来の光背から凄まじい光が解き放たれたのです。あまりのまぶしさに耐え切れず、私はそれまで凝視していた目を思わず閉じてしまいました。

動揺しきっている私が再び目を開けるには相当の勇気が必要でしたが、超常現象への好奇心から、現状を確かめようと恐る恐る目を開けてみました。

恐ろしくもこの不可思議な現象は治まっていました。

ホッとして冷静さを取り戻したのも束の間、今度は光背を残して如来像が消えていることに気づき、慄然としました。木像ですから下に落ちたのかと思い、探し始めたその時です。私の背後から凄まじい金色の光が、部屋全体に満ちるほどに浴びせかけられたのです。それはとても温かみのある光でした。私には振り向く勇気はありませんでした。なぜか背後に如来様が立っているのを感じ取っていたからです。恐怖心は消え、感謝の思いが心の中に満ちていました。私はこの稀有な体験に対する感謝の気持ちで涙が止まらなくなったのです。それはまた、幼少の頃から私を守護してくれていた如来様が、今自分の側にいるんだ、と実感できた感謝の涙でもありました。

この一連の現象は終わり、奇跡とも言うべき体験への興奮でなかなか寝つけませんでしたが、もう暗闇に怯えることなく安らかな眠りにつきました。

その翌朝でした。東京の俳優養成所のスタッフであったK氏から電話がありました。K氏は養成所を辞め、中堅プロダクションのマネージャーになっていました。彼は私に「大きな新人オーディションがあるから受けてみないか」と勧めてくれたのです。私は二つ返事で承諾し、再度上京することになりました。

当時、大変人気のあった『太陽にほえろ！』というドラマのジーパン刑事こと松田優作氏の後任となる、新人刑事役のオーディションでした。私は最終審査まで残り、テスト出演で、ボスこと石原裕次郎氏を拳銃で撃つ犯人役を演じました。結果は養成所で同期だった勝野洋氏に決まったのですが、私は同じNTVの新番組『スーパーロボット　マッハバロン』の主役に抜擢され、主演デビューという幸運をつかむことになりました。貧しくて幾度となく餓死しかけた養成所時代を思い返すと、まるで夢のような世界が開けたのです。

デビューと同時に中堅プロダクションに所属し、他の多くの仕事もいただき、私は夢だった俳優業を生業《なりわい》とすることができました。もちろん、私を助けてくださった多くの方々のお力添えがあってのことなのですが、その背後には、あの夜、私に現れてくださった守護神・如来様の力があったのだと今も信じています。

ともかく、怖がりだった霊感少年が世の少年たちのヒーローになったのです。

二　実家へ帰り鎮魂行の日々

ところが、日本経済のバブルが崩壊してからは、テレビの世界では製作費のかかるドラマは減り、安価に製作できるバラエティー番組が増え、そのために多くの俳優たちは出番を失うこととなりました。私もその例外ではありませんでした。自分自身の力量不足も重なり、仕事は減り、役もメインから脇へと落ちていき、生活するのがやっとというありさまで、気がつけばお金のためだけに役者を続ける〝生活俳優〟になっていました。主役までつとめた俳優としてのプライドも捨て、生活のためにチョイ役も厭《いと》いませんでした。それでも、俳優で食べられるのはましな方でしたが、不満と不安で将来の希望が見えず、完全に自分自身を失ってしまいました。ただ、生来無為な時間を過ごせない性分で、その間に、大学に進学し、学士号を取得しました。が、そんなことでは絶望感はぬぐえず、酒におぼれることも度々でした。

そのような状況の中で、ついには厭世的になり、鬱《うつ》になったのか、毎晩のように金縛りに遭うようになりました。自宅でも仕事のロケ先の旅館でも、無数の霊が私を金縛りにかけて苦しめるのです。かつての守護神を失ったためか、現実世界でも霊的世界でも苦痛に呻吟《しんぎん》し、幾度となく自殺念《ねん》慮《りょ》に駆られるようになった私は、限界を感じ、悪霊による障《さわ》りからだけでも解放されないかと親父に相談するに至りました。

親父は、神社の禰《ね》宜《ぎ》の資格を持ちながらも、独立した霊能宗教家を生業にしていたのです。

親父の答えは簡単なものでした。修行を積み、力をつければ悪霊の障りは治まるというものです。至極簡単で当たり前の答えでした。幼少の頃から親父の卓越した超能力を幾度となく目の当たりにしてきた私には、親父のこの答えは、有難いというよりはむしろ忌避したい助言でした。というのも、親父がそのたぐいまれな超能力を得るために、どれほど大変な修験行を積んできたかを知っていたからです。数カ月間山ごもりし、蕎麦粉だけで滝行、禅行を積む人間離れした苦行を乗り越え、ようやくその能力を身につけたのです。

脆弱《ぜいじゃく》で俳優としても半人前の私には、そのような過酷な行などできるわけがない、と、親父の勧めを断わろうと思いました。私の逡巡《しゅんじゅん》を察した親父は、修験行ではなく坐禅による瞑想だけでも充分だ、と言いました。瞑想するだけで悪霊の障りから解放されるのならこんな楽なことはない、と安心した私は、親父の指導を受ける決心をし、神戸に帰ることにしました。

実家に着いてみると、そこには親父と信者のご夫婦が私を待っていて、直ちに奈良の三輪山へ四人で滝行に行くと言うのです。奈良まで一時間半、ご夫婦の運転する車の後部座席で私は終始無言でした。

（話が違う！　親父は滝行をするなんて一言も言わなかったじゃないか！しかも、この春先の寒空の深夜に三輪山で――）

目的地に着いて、私は不安を感じながらも少しは男らしさを見せたくて、気絶するほど冷たい滝に入り、禊大祓《みそぎおおはらい》を三巻唱え、結局は気絶することなく無事に滝行を終えましたが、帰りの車中では震えと鼻水が止まらなくて、心身ともに萎え切っていました。私は、自分にはやはり無理だ、断わって東京へ戻ろう、と決め込んでいました。

帰宅すると、直会《なおらい》があり、酒を飲み、座が団欒《だんらん》になるうちに、私は断わりの決意を切り出せなくなってしまいました。やがて直会も終わり、ご夫婦も帰った後で、親父が古ぼけた大学ノートを取り出し、私に手渡してくれました。その表紙には『鎮魂法』と書かれてあり、中を読み進めてみると、文章は文語調で、昭和初期以前に書かれたものであることが分かりました。

親父は直会の時の笑顔ではなく、真顔《まがお》になって言いました。

「これは儂《わし》の兄弟子の島田先生が遺したノートや。そこに鎮魂法のやり方が書いてある。ただな、今までできた者はほとんどおらん。儂でもできないんだ」

私には、親父をもってしてもできない瞑想法があろうなどとは信じられませんでした。

「お父ちゃんにもできなかったんか」

「そや、これができへんから修験行をやっとるんや。この鎮魂法ができたら、どえらいことになる。今晩から読んでやってみい。儂はできへんので一緒に座るだけや」

どえらいこととは何なのか、親父は黙して説明しようとしないので、このノートを読むだけならさしたる苦労はあるまいと思い、「やってみるわ」と軽い気持ちで答えました。

おそらく親父は、三輪山での滝行で私を試したのだと思います。もし私が途中で逃げ出していたなら、親父はこのノートを私に預けたりはしなかったでしょう。

早速、私はその夜、徹夜してノートを読み切りました。内容はいわゆるメディテイションの類なのですが、内観目的ではなく、実戦的超能力者への道、とでもいうものです。

具体的には、呼吸法を整え、吸気にイメージで色づけをし、それを、これまたイメージで臍下丹田《へそしたたんでん》に玉を作り、その色づけた吸気を丹田の玉の中へ一呼吸ごとに入れ、玉が風船のように膨れるところをイメージするのです。ピンポン玉がテニスボール、ボーリング玉、大きな西瓜《すいか》へと膨らむイメージです。イメージの世界では、メタボリック腹どころか、牛に挑戦した蛙のように玉は大きくなります。私の腹は部屋を越え、街、地球全体、月、太陽系、銀河、銀河団、ついには宇宙全体まで膨らみ、そこで無我の境地に達するというものです。

当初は、臍下丹田の玉、つまり鎮魂玉をイメージするのが困難でしたが、慣れてくると二〜三回の呼吸でイメージできるようになりました。玉の輪郭も日に日に確立し、玉の色も次第に青白から金色へと変化していきました。

鎮魂法を始めて一カ月程で、それが単なる瞑想法、つまりイメージの主観の世界ではなく、客観的現象として、前述したプロセスが物理的現象を伴うある事件があったのです。

その夜も親父は私の横で座行に付き合っていました。私の鎮魂玉が膨らみ、親父の体を包み込もうとしていたその時、何と、親父の体がはじけ飛んだのです。親父はひっくり返って驚き、座行を止めて立ち去りました。鎮魂玉が部屋大になると家がきしむ音もしてきました。親父はその時以来、私の鎮魂玉の圧力に恐れをなし、私は一人で座行をする羽目となりました。

その夜から、鎮魂法はイメージではなく現実なんだ、と思うと、普通見慣れた街並みや宇宙も現実のものとして捉えられ、それまでつらく感じられていた座行が楽しくなり、私は鎮魂法の虜《とりこ》になっていました。

しかし、楽しいことばかりではありません。

その夜も私はわくわくする気持ちを抱いて、いつものように座りました。私の玉が部屋大になりかけた時、突然ドタッと何かが落ちてきたのです。高所から犬が飛び降りたような音です。私が目を凝らすと、二つの眼が私をにらんでいます。それは半透明の狐の目でした。私は北海道でキタキツネを見たことがありますが、それより一回り大きな狐の霊です。眼光鋭く私をにらみつけています。

私は臆することなく、犬を追いやるように「シッ、シッ、あっちへ行け、行の邪魔をするな！」としかりつけました。すると、狐君はしきりに後方を気にしています。何かと見ると、そこには白髪白髭の老人が杖をついて立っています。仙人なのか神なのか分かりませんが、神々しい老人です。私と目が合うと、その老人はかすかにうなずいて狐君とともに消えうせました。

しかし、一人と一匹が消えた後が大変でした。私の行を邪魔するかのように、魑魅魍魎《ちみもうりょう》が跋扈《ばっこ》し、私を脅すのです。少々動揺はしましたが、私はその頃までには魔物に動じない力をつけていたようで、彼らは何ら邪魔ができずにすべて消え去りました。

邪魔が入ったせいで、いつもより長い修行になり、その時は親父が横にいてくれたなら、と悔やまれました。気がつけば、三輪山の滝行以来、その夜まで、悪霊の障りは一度もなかったのです。阿弥陀様なのか神様なのか、はたまた親父の能力のおかげなのかは分かりませんが、当初の目的である力をつけることはできた、と自信もついてきました。しかし、まだ先のある鎮魂行を止めて俗界に戻る気にはなれず、私は完全に鎮魂法の虜になっていました。

その夜を境に、私の鎮魂法は次のステップへと進化しました。

三　不動明王が自分の守護神

それまで鎮魂玉が宇宙大になり無我の境地となり、玉を丹田に戻して行を終えていたのですが、その夜を境に、ノートに書かれてあった玉の移動が可能になったのです。つまり、宇宙大から丹田に戻った玉を、私の肉体内を巡らせることができるようになったのです。具体的には、丹田から右回り、虫垂下、結腸、肝臓、右肺、食道、口、鼻、目、頭、下って、左肺、心臓、胃、下行結腸、丹田と、玉を巡らせるのです。面白いのは、具合の悪い内臓では玉は停止し、治療をします。酒に浸っていた私の肝臓における玉の停止は、これまでの悪習慣のよい反省になり、おかげで私の肝臓の具合は良くなりました。

ある夜、玉を巡らせていたら、玉がアジナチャクラで停止しました。最初は頭の具合でも悪くなったのかと思いましたが、それは、ノートに書いてある次のステップでした。その予測ができたのも、玉の視点をアジナチャクラで感じていたので、アジナチャクラが第三の目になると確信していたからです。

その夜、玉がチャクラから体外に抜け出しました。チャクラの高さのまま、私の肉体から離れた所で静止しています。とても奇妙な体験です。何しろ、私が私自身を客観的に見ているのですから。

次に、私は鎮魂法の指示どおり、私の体を中心に玉をぐるっと公転させてみました。何度か回し続けていて、ふと、自分がどのくらいの時間座っているのかと思った瞬間です。玉が（つまり私の視点が）約五メートル後方の掛け時計の前に移動したのです。私は、今日の夜食は何かなと思えば瞬時に階下の台所へと自在に動かせることを知り、驚きました。

そのことがあって、鎮魂法とは、鎮魂玉を使った幽体離脱の方法なんだ、と気づくに至りました。それは鎮魂行を始めて二カ月後のことです。

その頃、私が行を終えると、まるでわがことのように楽しそうに私の報告を聞くことが親父の日課のようになっていました。

ある時、私の報告を聞いた親父が腹を抱えて大笑いする事件が起こりました。

その夜、私は玉を回すのに少々飽きてきて、もうやめようと思っていた時に、なぜか親友のＪのことを思い浮かべてしまいました。そうしたら、玉が世田谷のJのマンションの窓から飛び込み、部屋に侵入してしまったのです。問題は、Jが新婚で、しかもその時の時間が時間だったことです。二人の愛の最中にお邪魔してしまったのです。Jも新妻もビックリして、玉、つまり私をにらみつけました。私はあわてて立ち去り、玉を急いで戻しました。

そして、この出来事に関しては、親父には一切報告しないでいたのですが、悪いことに、翌日、Jから電話がかかってきたのです。親父が電話に出て私に取りつぎました。Jは、私がなぜ帰省しているか、その理由は知っていたものの、かなり激しい口調で、「誠ちゃん、昨晩うちの窓から飛び込んできただろう。窓がバシッと鳴って驚いて見たら、誠ちゃんが立っていたからビックリしたよ。来たんだろ?」と詰問しました。私はのぞきの事実は認識していたので、彼に素直に謝り、電話を切りました。

電話を取りついだ親父は、Jと面識があり、彼から用件のあらましを聞いていて、一体どういうことなのか、と私に問うてきました。私は仕方なく、事の顛末《てんまつ》を親父に話さざるを得なくなり、それを聞いた親父は抱腹絶倒した、という次第です。

この事件で、私は二つの興味深いことに気づきました。一つは、私は玉として移動しているのに、他者には玉ではなく私自身の姿として知覚されたこと。もう一つは、鎮魂玉の私には、なぜか未来も感じ取れた、ということです。私はJ宅において、二人は近く別れる、と予知しました。そして一年後、彼らは離婚したのです。この件以来、たとえ私に未来が見えていても、事の良し悪しにかかわらず、決して口外しないように自戒しています。

私は鎮魂行が何にもまして楽しくなり、ノートに書かれてある空中浮揚、他者への病気治療、未来予知等に、さらに積極的に挑戦してみようと思い始めましたが、ちょうどその頃のことです。

その日、いつものように玉回しを止め、玉を丹田に納めようとしたのですが、何かの力で戻せなくなったのです。玉は、初めて抜け出た時と同じように、アジナチャクラの前で停止したまま寸分も動かないのです。

玉に何かの力がかかったのは初めての体験なので、どうにも理由が分かりません。直径五センチ程の金光色の玉の様子が変なのです。鎮魂行では、玉の拡大は丹田を中心に自身の体を包みながら膨張するのですが、今回は体外で勝手に膨張を始めたのです。しかも、私の視点が玉からではなく、チャクラからのもので、まるで他者の玉を私が見ているような感じです。

玉は、私の意思とは関係なく、次第に大きくなり始め、火焔太鼓のような形からますます大きな炎へと変化していきました。

やがて、炎の中央に、剣を持ったシルエットが見えてきました。私には、ひと目でそれが不動明王であることが分かりました。

その炎は、ゆっくりと私の頭上に移動し、いきなり私の肉体に降りました。

　私は、その夜の体験を素直に親父に報告しました。報告を聞いた親父は、若い頃、ある不動尊で修業をしていた時、私が四キログラムの過熟児で、背中に渦巻いた剛毛が生えた奇形で生まれたことなどを真剣に話してくれました。

　私も、幼少期にあった二度の体験について話しました。それは、私が三歳の頃、二階から朽ちたベランダごと落下したこと、小学六年生の時、ダンプカーに正面衝突され、自転車ごと十メートル以上も飛ばされたこと、しかし、その二度の事故とも、かすり傷一つ負わなかったこと。それは、巨大な手が小さな私を包み、そっと地面に置いてくれたおかげだという、確かな感触を今も信じていることについてです。親父もその二度の事故については明確に覚えていました。

　私の守護神が不動明王であり、それが今私に宿り、鎮魂法の修行が終了したことを私に告げ、祝ってくれました。行を始めて三カ月後のことでした。

翌日、上京の準備を整えた私に、親父、継母、それに三輪山に同行したご夫妻が、近くの割烹店でささやかな歓送会を開いてくれました。私は四カ月ぶりに俗界に復帰することになったのです。

ノートに書かれてあった行を終えたとはいえ、鎮魂法にはまだ先があるので、世田谷の自宅に神棚を設け、世間が寝静まった深夜に、私は毎晩鎮魂行を続けました。たとえ仕事が入っていても、行を欠かすことは決してありませんでした。それは、ノートにあった超能力を身につけたいという強い願望と、その著者を超えたいという思いからでした。

七月下旬の蒸し暑い夜のことでした。

その夜は格別の蒸し暑さでしたが、エアコンの音さえ行の邪魔になるため、一切の冷房装置を排除していました。俗界での行も、実家で行っていた行と変わりはなく、日に日に進化していたのですが、その夜は再び玉の自在性を失ってしまったのです。

前回とは違い、ものすごい何かのエネルギーが玉を引き寄せました。私の意思ではどうにもならない力で直線的に引っ張られていくのです。しかし、すごいスピードで引っ張られながらも、途中の風景は何とか確認できました。

富士山が見え、それから北麓のどこかにある洞穴へと吸い込まれていきました。その薄暗い洞穴は長く続いていて、途中、数え切れないほど多くの魑魅魍魎が私を捕らえようとしますが、私のスピードが勝っていて、彼らの餌食にならずにすみました。

入り口からどのくらいの距離か定かではありませんが、その終点と思われる広く大きな空洞で私の玉は止まりました。直径三十メートル程の大洞穴です。その中に柱らしきものが二本建っています。しかし、柱らしきものの元をよく見ると、指があるのです。

私は、まさか！　と思い、見上げてみました。なんと、それは巨人の足だったのです。その身長は、間近でしかもほぼ垂直に見上げていたために、正確には分かりませんが、少なくとも十メートル以上はあります。

その巨人が何者であるかを私は知っていました。不動明王の本体なのです。玉としての私には未来が見えるのでそれが分かるのですが、しかし、私がなぜ呼ばれたのかまでは分かりません。私にできることは、ただひれ伏すのみでした。

明王は前に屈み、私をじっと見つめました。驚いたことには、眉間の縦じわと思っていたら、そこが開き、もう一つの目が出てきたのです。それは、両眼よりも大きい縦長の目です。そして、精神感応（テレパシー）による野太い声で、「わが子よ」と私を呼んだのです。

私はごく自然に、「父よ、お久しぶりでございます」と答えていました。すると、明王は手にした降魔《ごうま》の剣を小さく短くしてから、私に差し出して、「取れ」と言い、剣を授けてくれました。不動明王の皮膚は半透明で、血管のような筋が赤、青、金色と、まるで透明プラスチックで作られた人体模型のようでした。そして、剣を受け取った私の手も同じような皮膚であることには驚きました。

剣を授かった瞬間、私は玉になり肉体に戻りました。その時、関東地方で地震がありました。

不動明王から授かった剣を使うのは二十二年後、つまり、私がこの書の下書きを終えた平成二十年の秋まで待たなければなりませんでした。

四　真の意味で鎮魂法を卒業

私が剣を授かって二カ月を過ぎた頃のことでした。

ある雑誌に、「山梨県富士吉田市にある神社の境内の岩に、突然不動明王の像が現れた」という記事が、岩の写真入りで掲載されました。その神社に毎日参拝している地元の主婦の投稿によるものでした。偶然その記事を目にした私は、像が現れたという日付がちょうどあの地震の直後だったので、過日の体験に深く関わっていることは間違いないと確信し、その記事を切り抜き、早速私が主宰する劇団の仲間三人に同行を頼み、一台の車で富士吉田へ向かうことにしました。

しかし、記事には単に富士吉田市にある「日代御子《ひのしろみこ》大神社」としか記されてなくて、神社の詳細な所在地はおろか、富士吉田市の地図を調べても、その神社名すら見当たりませんでした。さらに、地元の人々に切り抜きを示して尋ねても、誰一人としてその場所を知らないのです。三～四時間探しましたが、何ら手がかりもつかめず、日も暮れてきたので、後日雑誌の出版社に問い合わせて、確かな情報を得てから再度探すことにし、私たち四人は富士吉田で最も有名な浅間神社に詣でてから帰路に着くことにしました。

ところが、神社に向かっていた途中、突然例のあの野太い声が「こちらへ来い」と私に命じたのです。私は直ちにその導きに従い、「T君、あの丘の方に向かってくれないか」と、運転していた彼に進路変更を指示しました。彼ら三人には不動明王からの精神感応（テレパシー）など聞こえるはずはなく、私が目標場所を見つけられない焦りから、そのような指示を出したのだろう、と思っている様子でした。それでもT君は私の指示に従い、車を丘の方角へと走らせました。

程なく車がその丘に近づいた時、T君が突然大声で「下《しも》さん（後輩たちが私を呼ぶ愛称）、あそこに鳥居の看板が見えますよ。行ってみますか！」と叫びました。私は「おー、行ってくれ」と頼みました。そして、鳥居の看板に近づいてよく見ると、そこには探し求めていた「日代御子大神社」という文字が書かれてあったのです。

車が細い坂道を上りきると、そこで行き止まりになっていて、静かな森の中に白木造りの立派な社が建っていました。「日代御子大神社」は、社務所のない無人の神社でした。

不動明王が現れたという小獅子岩を、私たち四人が探り当てるのに、それ程の手間はかかりませんでした。そこには、あまりにも鮮明に不動明王の姿が現れていたからです。

その見事な忿怒《ふんぬ》顔、立派な剣、自然発生したとは到底思えぬ明王の御姿を、私は必死に興奮を抑えながら、カメラに収めました。その写真を自宅の神棚に祀り、神仏習合ですが、毎日三白を供え、祝詞《のりと》と父・明王の真言を唱えて鎮魂行を行いました。

この頃から、私の鎮魂行は超能力を得ようとするレベルから真理の悟りを求める行へと質的転換をしていくことになります。それは、超能力のほとんどが時空をゆがめるものだと、父・明王から厳しく戒められたからです。


それから時が流れ、十年ほどたった頃のことです。

私の友人が行きつけのスナックで、不動明王が小獅子岩に現れたという話に、たまたま話題が及んだ時、かねてから不動明王に強い関心を抱いていたスナック経営者のNさんが、「自分もぜひそこに行ってみたい」と言い出したそうです。私は友人からNさんを紹介され、彼女を同道して久しぶりに小獅子岩を訪れることになりました。

しかし、行ってみると、十年間も雨ざらしになっていた不動明王の姿は薄れて、ほとんど判別できないほどでした。カメラ持参で遠路はるばるやって来て、期待が大きかっただけに、Nさんの失望は怒りへと変わり、「何よ、不動明王なんか見えないじゃないの！」と、大声で私を叱責するかのように怒鳴り散らしました。私も申し訳なく思い、彼女を失望させたことを詫びましたが、それも不動明王の深い叡智によるものであることは分かっていたので、悔しさはありませんでした。

その二日後、Nさんがとても興奮した様子で電話してきました。

「写真に大変なものが写っている。早く見せたい」

と言うのです。私も大いに興味をそそられ、早速会うことにしました。

Nさんは喫茶店のテーブルに十数枚の写真を並べ、その中の一枚を指さして、「これ、不動明王だよね。写真屋さんが、神様が写っていると言ったんだよ」と言いました。

そこには、Nさんのそれまでの不満を払拭するかのように、不動明王が鮮やかに写し出されていたのです。

「間違いなく不動明王です」

私の言葉に得心したNさんは、満面に笑みを浮かべ、大いに満足した様子でした。

私もその写真によって、例の洞穴の入り口が分かったのですが、そのことを素直に喜べませんでした。というのも、私はその写真はすでに見ていたからです。

写真には、不動明王のほかに、複数の神々や眷属《けんぞく》、魔界の者、人としては、私と親父、将来出会うであろう少女の姿も写っていました。写っていた私と親父は、神戸での修業中、私の力に恐れをなし立ち去った親父が、一度だけ私の瞑想中にそっと横に座ったことがありましたが、その時の二人の姿です。

それは、不動明王が私に宿った、行の最後の夜のことでした。親父は、ただならぬ気配を感じた様子で、私に気づかれぬように数分でそっと立ち去りましたが、私には親父の行動はすべて見えつつ、同時に不動明王が私の中に入り込み、一瞬にして私に黙示した膨大なビジョンをも見ていたのです。そして、その時示された未来ビジョンの一つがその写真だったのです。

親父は今わの際で、なぜ自分は死んでいかなければならないのか、その理由を私に打ち明けました。自分の死は、ある剣を持つ神との駆け引きの結果だ、と言うのです。それを聞いた私は驚き、「まさか、その神とは不動明王か！」と問いただしました。親父は、否、と首を横に振ります。「では、猿田彦か！」との問いに、親父はうなずいたのです。あれだけの苦行の果てに得たその超能力によって、多くの人々を救ってきた親父が、なぜ一柱の神によって死ななければならないのか！　私は無性に腹が立って悔しくて、涙が止まりませんでした。

親父はその翌日に他界しました。父は、他人のためとはいえ、諸神から借りた力を使い、時空を歪めた科《とが》を一身に背負ったのです。私は、時空を歪めてはならない、という不動明王からの戒めを、この時に身をもって体験させられました。親父の四十九日の法要の翌日、大地震が神戸の街を襲いました。阪神淡路大地震です。

真理の悟りを求めよ、というメッセージ以降、父・不動明王との交信は途絶えました。私は、自分が堕落して見放されたのではないかと悩み始めました。

時を同じくして、鎮魂行も低迷し、玉を飛ばせなくなりました。

現実の生活でも、劇団運営に失敗して大きな借金を抱え、その返済のために俳優業以外にもアルバイトを余儀なくされ、まるで奈落の底に落ちてしまったかのような状態でした。

ある深夜、アルバイトの休憩時間中に自分の車の中で仮眠をとろうとしていた時のことです。午前二時を過ぎていて、人通りは全く途絶えていたのですが、それでも私は人目を気にし、フロントガラスを大きな模造紙で覆いました。シートを倒して横になり、しばらくボーッとしていると、その模造紙に音もなく皺が寄り始めたのです。皺は次第に波打ちうねり、そこには何と人面が現れ始めました。

「何だ、何だ！」

最初、何が起きたのか訳が分からず、私はただ狼狽するだけでしたが、やがて輪郭を顕わにした人面は、髭を蓄えた初老の男の顔であることが判別できました。

「誰だ、お前は！」

私は怒鳴りつけました。その男の顔は口を開き、何かを喋り出した様子ですが、聞こえません。相手が判別できたことで私は冷静さを取り戻し、今度は精神感応（テレパシー）で交信を試みました。

「あなたは誰なのですか」

と尋ねてみました。すると、低くソフトな声が、「ペテロです」と答えるのです。

「ペテロって、あのキリストの一番弟子のペテロですか？」

「そうです。私はずっと長い間、あなた様をお慕いし、お護《まも》りしております。どうか、思い出してください」

私は、全く予想外の答えに戸惑い、

「ちょっと待ってください。私は仏縁の者。なぜ、キリストの弟子のあなたが、こうして私に現れたのですか？」と尋ねましたが、その問いには答えず、男は「よーく、思い出してくださいい」という言葉を繰り返すだけ。そこで、質問を変えて尋ねてみましたが、何を尋ねても男は「よーく、思い出してください」という言葉を繰り返すだけなのです。

私もさすがに我慢の緒が切れて、「ちゃんと答えろ！」と、思わず声に出して怒鳴りました。すると、紙の皺が再び波打ちだし、ある情景を形作りました。一人の中年女性が、槍を持った二人のローマ兵に両腕を抱えられ、行く手を阻まれて泣き叫んでいるのです。

それを見た途端、私にはその女性が誰であるか分かりました。私が最も思い出したくない光景だったのです。

「母よ、ごめんなさい！」

滂沱《ぼうだ》とあふれ出る涙をそのままに、私は何度も何度も詫び続けていました。

やがて、涙でぼやけている視界の中で、その光景が元の模造紙に戻っていくのが分かりました。

一連の現象はこれで終わりましたが、私には思いもかけぬペテロが現れたことが受け入れ難く、

「そんなことがあるはずはない！　僕は不動明王の子だ。キリストとは何の関係もない！」

と、強く否定しました。しかし、「ずっと護っている」という男（ペテロ）の言葉が耳朶《じだ》に残り、それに一縷《いちる》の望みをかけて、

「ならば、ペテロさんよ。今こそ助けてくれ。お金を何とか工面してくれ！」

と、涙声で訴えました。それに対する具体的な反応はありませんでした

が、代わりに私の脳がものすごいエネルギーによって高速回転を始めたのです。そして回転が最高度に達した時、さまざまなことが連結したのです。すなわち、不動明王とは私の小さな神的存在ではなく、全人類の父、すなわち地球を含めた太陽系の守護神であること、大日如来、エホバ、デウス、シバも実はみな不動明王だったこと、さらに、私がこの世に生を受けた意味、この生活苦もそれを通して私を練り鍛え、やがては他人の痛みをわがものとできる魂へと昇華させるために、父・明王は沈黙を守って導いていてくれたこと、そしてなぜあの時「真理の悟りを求めよ」と厳命したのかということ、これらすべてが連動して、瞬時に氷解したのです。

この時、私は悟りを得、真の意味で鎮魂法を卒業しました。

五　ハルマゲドンの回避は可能

卒業しても、鎮魂行は続けました。実生活では不思議とあの借金地獄から解放され、今では飲食店を経営し、俳優業も続けています。比較的平穏に過ごしている日々の中で、ふとあの日、ペテロが繰り返していた「よーく、思い出してください」という言葉が気になり出しました。

「まさか、彼が生きていた二千年前のパレスチナのことを思い出せ、とでも言うのか」

などと思いめぐらしていた時です。

もしかするとそれは、前述のNさんが撮った不動明王の写真と何らかの関係があるのではないか、と直感したのです。初見の写真であったにも拘らず、私はすでにそれを知っていたこと、それも、見た瞬間、ある種の嫌悪感を抱いたことなどを思い出したのです。

「そうか。ペテロは、父・明王が私に降りた時に黙示した膨大なビジョンの一番大切なことを思い出せ、と言っているのだ！」

直観は即座に確信に変わりました。

私は、自らの記憶を鎮魂法で呼び覚ましてみようと思い立ちました。初の試みでした。まず、不動明王の写真を目に焼き付けてから、鎮魂玉を自分の大脳に留まらせ、写真と連結している何かを探し始めました。潜在していた私の記憶は、直ちにビジョンとして顕在してきました。

しかし、それはあまりにも惨《むご》たらしい近未来の地球の光景でした。赤く濁った灼熱の大気に覆われた、死の星と化した地球の姿だったのです。折れ曲がった高層ビルや、多くの人類文明の遺構は見受けられますが、人間はおろか虫一匹として生ける者は存在しません。

あまりの衝撃で、私はしばらく放心状態に陥りましたが、ある名前が私を呼び覚ましました。

「カルラ！　父よ、なぜカルラを解き放つのか！」

私は思わず叫びました。

カルラ（迦楼羅）とは、龍を常食とし、炎を吐き散らして、星のすべてを焼き尽くす力を持った魔界の怪物のことです。父・明王は、このカルラを抑えつけて封じ込め、人類を含む地球上の全生命を守護しています。

結局、私が何度問い詰めてみても父・明王からは何の返答もなく、その気配さえ感じ取れませんでした。私は、明王からついに突き放されてしまったのか、という虚しい思いに駆られ、しばらくはNさんが撮った写真をただ見つめていました。

そのうち、ふっと（鎮魂法によらない、一般的な洞察力で分析してみてはどうか）と思い立ち、今度は全神経を集中して、写真を凝視し始めました。

やがて、写真を見つめているうちに、徐々に次の二点が読み取れました。まず、父・明王が手にしている降魔の剣が、私が知っていたものより長く鋭くなっていること、そして、カルラがいきり立っていることです。

それらのことから、父・明王が魔に立ち向かっていて、カルラが魔の力を蘇らせつつあるのだということまでは解釈できるのですが、人智が及ぶのもそこまでで、それが人間的な洞察力の限界でした。

この時ほど、鎮魂法が使えず玉を飛ばせなくて悔しかったことはありません。玉を飛ばせさえすれば、父・明王からすべてのことを聞き出すことができたからです。

人類が滅亡するという近未来ビジョンを見せられていた私は、明王との交信が途絶えたからといって、ただ座して待つわけにはいかず、矢も盾もたまらず日代御子大神社へ赴くことにしました。自信はありませんでしたが、できれば玉を洞穴内に飛ばし、何としても父・明王に直接会わなければならない、という焦燥感からでした。

しかし、神社に着いて小獅子岩の前に立った時、大急ぎで富士吉田まで駆けつけた努力が無駄であったと分かりました。小獅子岩の不動明王の像は完全に消えていたのです。それを見て私が愕然《がくぜん》とした瞬間、ほぼ同時に、なぜ父・明王との交信が途絶えたのかという謎が解けたように感じました。それは、まさか、と思いましたが、父・明王が私にすべてを委ね、私自身になっていたからなのです。

その日以来、私は鎮魂法ではなく、内観的瞑想法によって、人類滅亡のXデーまでの推移と、なぜカルラ（迦楼羅）を解き放たなければならないのか予見してきました。

私は、これまで未来が見えても口外しないことを自戒としてきましたが、この予見はあまりにも重要なので、抽象的にならざるを得ませんが、以下に述べてみようと思います。

現代はハルマゲドン（新約聖書・ヨハネの黙示録十六章十六節）の渦中にあります。それは、天界における神とサタンの戦いではなく、われわれ地球人類の最終戦争のことなのです（神とは創世神のこと、サタンとは神の自己矛盾の存在であり、三次元宇宙に闇がある限り不滅です）。

ハルマゲドンの原因は、人類の欲の魂によって、実体界（第二章で詳述します）の矮小化を招き、サタンの闇が拡大しつつあり、神の意図する光の世界、つまり三次元宇宙の拡大にもはや地球人類の存在が不要になってきたことにあります。

未来とは神の意志そのものですが、ただ、そこには〝揺らぎ〟があります。したがって、もし人類がいま目覚めるならば、地球におけるハルマゲドンの回避は可能なのです。

二十数年ぶりに、再び激しい金縛りが私を襲いました。魔王の一人によるものであることは分かっています。その魔王は、古代エジプトのファラオの出で立ちをしています。

「この書を広めることは許さん！　お前を殺す！」

と、罵《ののし》ってきます。その頑強そうな姿から、本当に殺されるかもしれないと思った私は、父・明王の真言名「カンマン！」を大声で唱えました。それは、明王に助けを求めるためではなく、授かった剣を取り出すための称名でした。

剣はすぐに現れ、それを手にした私は、魔王に一太刀《ひとたち》浴びせました。魔王は一回り小さくなりました。二太刀目でさらに小さくなり、あえぎながらも、なお「吾はラムセス二世なり！」と叫んでいます。

乾坤一擲《けんこんいってき》、私は最後の一太刀を振り下ろしました。ついに魔王は消滅しました。凄まじい真剣勝負でした。剣を授かってからゆうに二十二年がたっていました。

これからさらに激化する戦いの行方は、全人類、一人一人の魂の在り方にかかっているのです。

第二章

人類の存在と滅亡の理由

一　人類を滅ぼす金銭欲

人間の欲望には大別して二種類あります。

一つは、自己保存のための、食欲、睡眠欲、ストレス回避欲。つまり、自愛と、もう一つは自己の利益のみを追求する我欲です。例えば、性欲でも、恋愛感情の発露として利他愛を伴う自然の欲求と、ただ自己の性的快楽のみを求める肉欲では質的な相違があります。この肉欲に加えて、物欲、名誉欲、権力欲等があります。

現在、人類を滅亡に導こうとしているのが、物欲が高じた金銭欲です。

産業革命以来、科学技術の進歩とともに、人類の利便性への飽くなき要求が地球の自浄能力を超えて資源の消費を促し、特に化石燃料の大量消費が、地球温暖化という自然破壊を招いてしまいました。この物欲と金銭欲とが相まって、人類は他の生物をも巻き込んで自滅しようとしています。

金銭欲こそが、現代人の魂を最も歪めてしまっている張本人です。金銭自体は人間が見つけ出した利便性の高い物的交換の手段にすぎず、善でも悪でもありません。ただ、この金銭が、人間の物欲と結びついて万能の力を得たのです。

では、なぜ、物的交換の手段のすぎなかった金銭が万能の力を得るに至ったのか、その推移を見てみましょう。

それは、人間社会の形態が変化してきたことと大いに関係しています。それまでの原始共同体や村社会では、金銭よりも強い同胞意識によって、互いの信頼と庇護《ひご》のもとに人間関係が築かれていました。それが、産業革命によって近代都市社会が出現し、見ず知らず同士の生活が始まり、それまでの同胞意識による信頼や庇護が得られなくなったのです。

このような都市での生活者は、自分の生活（生命）を守るための物的、人的サービスを得るためには、どうしても金銭に頼らざるを得なくなりました。その結果、都市社会ではお金のない者は孤独で、自己保存さえ困難となってしまったのです。

裏返せば、金銭で何でも得られる社会へと変質してきた都市では、やがてこの金銭が、資本主義による自由市場経済の中心となって最高の地位を獲得し、経済のグローバル化に伴って、世界金融の主役となるに至ったのです。

人間の物欲の中で特に際限のないのが、土地への領有欲と金銭欲です。領有欲に関しては、かつての西洋列強の植民地政策や戦争における戦勝国が必ず要求する領有地の拡張をみても明らかですが、地球の規模にはおのずと限界があります。しかし、金銭欲に関しては、その留まるところがありません。特に、貨幣が電子マネー化した現代において、それは急激に増長しているのです。

この際限のない金銭欲が多くの拝金主義者を生みだし、人間の持つ最大の欲である権力欲すらも金権化し、ひいては金が金を生みだすという、実体のない金融経済を形成し、揚げ句の果てが、先年の世界恐慌を引き起こし、多くの人々を貧困に追いやり、命すら奪っているのです。彼ら拝金亡者の飽くなき貪欲は重罪であり、万死に値します。

さらに金銭は、本来の物的交換の手段から物的価値の最高位へと昇りつめ、今や人々の精神的価値観をも支配するようになりました。

人の幸不幸は金次第、命より大切な金、金目当ての殺人事件等々。その上、心の寄る辺《よるべ》である宗教ですら金儲け教へと形骸化し、堕落しているのが現実です。

世界中で、貧富の差はますます拡大してきています。世界の総資産の半分以上を、わずか二パーセントの資産家たちが占有しているのです。世界の総人口の八パーセントの人々が飢餓に瀕《ひん》している中で、八パーセントの富裕層はダイエットに励んでいます。有効な生産手段、資源を持たない多くの発展途上国の経済はひっ迫しており、多数の餓死者を出しています。

先進国がいくら地球温暖化防止政策を謳ってても、まず、これら貧しさにあえぐ人々を救済せずには有名無実となることは必至です。一体誰が、ゆとりのない農夫に野焼きを止めろ、貧しい樵《きこり》に木を切るな、と命令する権利を持つのでしょうか。

地球は人類の飽くなき貪欲によって、ほどなく金星のような灼熱の死の惑星と化すのです。しかり、金銭欲が人類を滅ぼすのです。

二　実体界・時間

一で述べた私独自の社会学的分析とハルマゲドンの関連を、さらに理解してもらえるよう、次に解説してみようと思います。

実体界とは四次元世界のことです。

われわれの住む世界は、三次元の世界です。次元とは幾何学の用語で、〇《ゼロ》次元とは点、一次元とは線を意味します。二つの点の間に引いた線が一次元。この線には全然太さがないので、実際的には考えることはできません。太さがない線、これが一次元です。

次に、二次元とは平面のことです。厚さがない平面を二次元といいます。これも現実的には考えることはできません。

そして、三次元とは、平面に高さを加えた立体です。われわれが存在するこの宇宙は、三次元の世界に属しています。一次元の線は二次元の平面の中に含まれていて、平面が線を支配しているともいえます。同様に、三次元の立体は平面を中に含んでいて、二次元を支配しています。

では、何がわれわれの三次元世界を含んで支配しているのでしょうか。仮にこれを四次元としておきます。

点が線となるには時間（運動）を加えなければなりません。線と平面、平面と立体の関係も同じです。

ここで、視点を変えて説明してみましょう。

立体の影が平面、平面の垂直の影が直線、直線の垂直の影が点である、ということができます。換言すれば、影とは一次元上位の次元が投影されたもの、ということもできるわけです。つまり、次元の加減は時間（運動）の加減によるということです。

では、四次元とは何でしょう。これまでのことを演繹すれば、四次元とは三次元に時間（運動）を加えたものということになります。これは、相対性理論（アインシュタイン）の、四次元（時空世界）とは三次元の空間に、第四次元として時間を加えた空間的連続体であるという概念です。

われわれは、物（三次元）と、光による物の影（二次元）は知覚していますし、線（一次元）と点（〇《ゼロ》次元）を幾何学的抽象概念として理解しています。しかし、四次元が理論的に定義されていても、その概念を把握することはとても難しいことです。なぜなら、われわれは自分たちが住むこの世界（三次元）に時間が存在すると思い込んでいますが、実はこの世界には時間は存在しないからです。

この世界に時間がないなんて、にわかには信じられない、と誰もが思うでしょう。現に、時計があり、時間どおりに生活しているじゃないか、と。その認識は間違ってはいません。それは、われわれ人類が地球という限られた空間に共存していて、光速度を感じないので、今現在を共有していると感じているからです。時計は地球の公転、自転から割り出した天文時を基に作られた機械であって、時間の存在を示すものではありません。原子時計とて同じことです。

四次元の理論的定義を、文字どおりに把握することは難しいことですが、不可能ではありません。

われわれは、時間が存在しないこの世界に、時間が加わるという現象を知っています。それは写真です。例えば、ヘッドライトを点灯して夜の道路を疾走する車を撮影すれば、ヘッドライトの明かりが長いホース状に写ります。これによって、三次元に時間が加わるという現象は想像できます。相対性理論の四次元の時間、空間的連続体であるという概念が理解できるのです。

この概念を敷衍《ふえん》すると、三次元宇宙全体が一つの厖大《ぼうだい》な質量、つまり宇宙全体が一つの物体の世界ということになります。ビッグバン（宇宙開闢《かいびゃく》）以来、三次元宇宙の万物が運動していて、もし時間を加えれば、ホース状に伸びたヘッドライトのように、万物が空間をその質量で埋めてしまうことになります。しかし、三次元宇宙には時間が存在しないので、そうなってはいません。

前述したように、われわれは三次元世界で、影である二次元世界を伴い、かつそれを知覚して暮らしています。それはあまりにも日常的現実で、普段は自らの三次元とは何か、その影の二次元とは何であるか、と思索することはありません。影とは、われわれを実体として、光源の反対側に出来る暗い部分のことだ、くらいにしか認識していません。あるいは、影とはわれわれ自身ではないが、光のあるところではいつもついて回る一つの幻像だと感じています。それは、われわれが三次元世界の住人であり、自らの存在を確信しているので、他次元の存在を観念的にしか捉えられないからです。

理論的には、三次元の影が二次元であるとすれば、三次元は四次元の影ということになります。三次元の住人として、自らの実存を疑うことのないわれわれにとって、この世界が影だなんて信じ難いことです。もしも、二次元、つまり影の世界に知的存在があるなら、彼らも自らの世界を影だとは認めないでしょう。

われわれは、水の分子式がH_2Oであると学びました。人類の誰一人として実際に見たわけではないのですが、水は酸素原子一つと水素原子二つが結合して出来ている、と知っています。もしも将来、水素原子を見ることのできる顕微鏡が開発されたとしたら、最初にそれを見た者はきっと唖然《あぜん》とすることでしょう。原子にではなく、原子間の間隔の大きさに、です。同様に、水だけではなく三次元物質のすべてがスカスカの虚構的存在として認識されるようになります。

地球の全物質の原子間の間隔をなくすと、地球はリンゴ一個程度の質量になってしまいます。そして、レントゲン写真で使用されているX線や地球を突き抜けるニュートリノの存在の検証が示すように、地球を含む三次元世界は、われわれが持つ質量観念からすると、無に等しい存在である、と悟るのです。

われわれは、立体（三次元）と、それを実体とする影（二次元）との関係から推察して、立体を影とする実体である四次元とはいかなる世界かを、ヘッドライトの例から観念的に把握することができますが、同時に、点も線も、四次元も概念的世界であると直感します。それらは、われわれにとって非現実的なものだからです。

しかし、その直感は間違っています。果たして、相対性理論の四次元像は理論物理学の記号論理学的演繹の産物にすぎないのでしょうか。そんなことはありません。真理なのです。四次元世界は、三次元世界の現象を支配する法則とは全く異なった世界なので、われわれが物理学的視野でそれを理解しようとしても不可能だからです。

実は、われわれは四次元世界がわれわれ自身であり、あまりにも分かりすぎていて、そのことに気づかないだけなのです。

三次元世界は四次元世界の影であり、スカスカの虚構的存在であると前述しました。今この文章を執筆している私の肉体もペンも原稿用紙も、すべては無に等しい存在ですが、一方で、人の〝思い〟によって作られた道具であるペンと原稿用紙を使って私は自分の〝思い〟を文章にしています。今確実に私が認識できる存在は、三次元宇宙を造った創世神の〝思い〟と、道具を作った人の〝思い〟と、文章を書いている私の〝思い〟だけです。

そして、ここが肝心なのですが、この〝思う〟という精神活動を支配しているのは、実は魂なのです。魂こそがすべてのものの実体であり、その実体の影として私の肉体や道具が存在し、それらを使って、今私が文章を書いているのです。

魂こそが四次元世界、つまり実体界の存在なのです。ですから、私は三次元世界にあって、今文章を書くという作業中ですが、私の実体である魂は四次元（時空世界）のもので、時間軸を持っています。そして、ただ書くという思いを興《おこ》すだけではなく、過去の体験や学習を想起しながら、今はそれを基に試行錯誤しつつ、懸命になって書いていて、完成したら上梓し、多くの人々に読んでいただき、人類の危機を悟ってもらいたい（希望も含む）という、過去、現在、未来を自在に超越して移動しているのです。

このようなわけで、われわれは自分自身の実体が魂であり、魂は時空世界（四次元）のものであり、魂が時間軸を持っていて、あまりにも日常的に（実は三次元世界には存在しない）時間を感じ取っているために、この世界（三次元）に時間が存在すると思い込んでしまっているのです。

もし三次元世界に時間が存在したなら、大変なことになります。三次元宇宙は、ビッグバンを起点として超光速度で拡大し移動していますが、地球は太陽を公転し、二十四時間で一回の自転をしているのですから、その表面で今現在この文章を書いている私の肉体は、私が生を受けてから五十六年間、三次元宇宙空間を猛スピードで移動していて膨大な質量となり、私はその厖大《ぼうだい》な質量に押しつぶされてしまって、文章を書くどころか存命さえ不可能となってしまうはずです。

ここまで説明しても、「いや、記憶や予測は大脳の働きで充分説明できる」と思われる方があるかもしれません。

では、次のような体験はありませんか。

何か気掛りな案件を抱えて街を歩いていて、ふと気づくと思わぬ程の距離を来てしまい、途中の景色は何一つ覚えていなかった、という体験です。つまり、心ここに在らずという状態です。また、何か考え事をしていて、ある目的場所に着いたのにその用件を忘れた、という経験です。

このような現象は、魂が今現在ではなく、過去のある時空か未来の予測時空にあって、何かをしようという思いと魂がずれている場合によく起こることです。思いは魂の働きによって生まれるのですが、それは即座に過去の記憶の時空に固定され、よほど注意深く魂がその思いを保持しなければ、こうしたうっかりミスは避けられません。このような現象を、魂という実体抜きで分析しようとする心理学の方法は、根本的に間違っています。

三次元の実体である四次元とは、魂の世界なのです。

まだ納得できないという方は、どうか瞑想して無我の境地に入ってみてください。心得のない方には困難なことだと思います。無心になろうという思いとは別に、魂が時間軸の過去や未来に勝手に移動してしまうからです。それが雑念です。瞑想法の真髄を究めたければ、思いと魂を一つにしなければなりません。今をつかみ、感じ取ることです。

われわれは、三次元の存在としては今を感じ取ることはできません。なぜなら、今と思い込んでいる今は、実は過去の事象だからです。視覚、聴覚で得た事象は、光速度、音速度の分だけ過去のことであり、それに肉体の神経伝達時間が加わるからです。嗅覚、味覚、触覚も同じです。真の今を捉えられるのは、実体界とつながっている自分の魂だけなのです。思いと魂が一致した瞬間、思いは消え、あなたは魂だけの存在となり、真の今を感じ取り、今という全次元の通路を発見し、飛び込み、実体界を実感するに至るのです。この体験をされたなら、私が述べていることが真実であると気づかれることでしょう。

真の今というのは、実体界における時間軸の今であり、究極の実体である創世神の光が全次元を具現する〝瞬間（刹那）〟のことです。

光とは、創世神の魂が自己犠牲的に発散されることであり、神の光は質量がゼロで物理的束縛のない実体界の時間軸の今という〝瞬間〟を作り出しているのです。そして、その〝瞬間〟が影である三次元世界を具現していて、そのために三次元宇宙における今は実体界と同時であり、全三次元宇宙の今は同時にありますが、光は三次元宇宙では恒星等から発せられ、光子として質量を持つため物理的束縛を受け、速度を持つので、アインシユタインの特殊相対性理論にあるような現象が認識されるのです。

ですから、われわれが今という刹那を感じ取れるなら、実体界のみならず究極の存在である創世神の真の光源をも感じ取ることができ、アガペーの愛こそが創世神の本質であると悟るのです。

ちなみに、日本語の「愛」という言葉は、その意味内容が茫漠《ぼうばく》としていますが、ギリシャ語では、愛を次の四つに峻別《しゅんべつ》しています。

一、エロスの愛＝男女の愛。利己主義的要素を含む。
二、フィレオの愛＝友愛。合理主義的要素を含む。
三、ストルケーの愛＝親子愛。限定的要素を含む。
四、アガペーの愛＝神的愛。無条件の、与えて止まない一方的な愛。

われわれがこのアガペーの愛を意識する時、光や善と同義的に感じるのは、われわれの魂が創世神の分魂《わけみたま》であるからなのです。

実体界の時間軸は、われわれがこの世界（三次元）で感じている時間と変わりませんが、実体界では存在する過去という時空は、われわれの世界では存在しません。そのため、実体界で固定された過去の時空を、われわれは時間の不可逆性として感じるのです。

その固定された過去の時空を土台とし、神の発する光によって、今という瞬間（刹那）が実体界に生まれ、その影としてこの三次元世界を具現しているのです。

また、実体界の時間軸に未来は存在しますが、〝揺らぎ〟があり、それには高次元の魂の存在も関わってきます。未来を最終的に決定するのは神であり、未来とは神の意志である、ということができます。

さらに、四次元を影とする高次元の実体が五次元ということですが、このことを概念化し言語で表現することは不可能なので、私はあえて抽象的に、実体界すべてを四次元として述べています。ただ、次元が高くなるということは、魂が大きくなり、他の多くの魂をその中に包含してその実体となり、さらにその大きな魂をより大きな魂が包含して実体となるという、ロシア人形のマトリョーシカのような多重構造になっていて、最終的に最大のものが神の魂ということになります。

また、次元が高まるということは、より大きな時間軸を支配するということでもあり、高次元の魂が未来を決定する力は、その魂の次元の高さと比例します。われわれが信心から諸神に願掛けするのは、この力にすがろうとする行為にほかなりません。わが父・不動明王は十二次元の存在であり、太陽系の主実体であり、守護神であるのです。

われわれ肉体を持つ人類に宿っている魂は、主に四次元〜五次元のものですが、高次元からのものもまれに存在します。例えば、同じ肉体の桎梏《しっこく》にありながら、慈悲深い人とそうでない人、自己実現できる人とできない人、運の強い人と弱い人など、人生に差異が生まれるのはこのためです。

このように、同じ人間であっても、魂の大きさに違いがあるために、自らの未来像の実現力に差異が現れるのです。

微積分学の祖・ライプニッツがナポレオン一世と出会った時、

「こんな大きなモナド(ライプニッツが言う魂の名称)は見たことがない!」

と叫んだ話は有名です。

このように、われわれ人間もある程度の未来実現力を授かっているのですが、この力は夢を実現し、幸福になるというポジティブな未来実現だけでなく、ネガティブな働きもします。

他者を憎悪すると、その相手からも嫌悪されたり、自らの健康に不安を抱くと本当に病気を招いたり、物事を悪く捉えてばかりいると、悪い予感が的中した、などということは、程度の差こそあれ、誰しも体験していることですが、いずれの場合も我欲によるものがほとんどです。成功したい、金持ちになりたい等の我欲は、魂が未来にあって、今を見失うからです。今を見失うと、状況判断を誤ったり、他者との意思の疎通をはかれなかったり、人前であがったりします。

三次元宇宙を拡大させることが神の意図ですが、その最大の必要条件は、われわれ人類を含む神の分魂《わけみたま》が、神の本質であるアガペーの愛を悟り、実践し、魂を育みつつ、神に近似しようとする大きな魂が多く出現することです。なぜなら、実体界が拡充しなければ、影である三次元世界も拡充しないからです。

地球人として、魂を内に宿しているわれわれは、自身の魂を育むために、生老病死という人生の孤独、不安、絶望など、最も過酷な肉体行を自ら選択しました。しかし、今やその実体界（霊界）での決意を忘れ去り、悟らなければならない神のアガペーの愛とは正反対の保身に奔り、物欲（金銭欲）でこの世界の苦行から逃れようとし、魂の育成どころか、魂を矮小化しています。

矮小化した魂が実体界に還元すると、実体界そのものも矮小化します。特に、産業革命以降、物欲による魂の矮小化が急激に進んでいて、地球実体界に大きな歪みを生じさせ、多くのサタン等を呼び込んでしまっているのです（サタンの存在については後述します）。

魂の矮小化の最大原因が金銭欲である、と前述しましたが、もう一つの大きな原因は、無神論者の増加です。

産業革命以降、急激に進歩した科学技術の恩恵を手中にした人類の多くが、科学至上主義者となり、唯物主義者と化しました。科学が、なぜ太陽は光を放っているのかを未だ解明できず、塵一つ造り出せないにもかかわらず、神の存在を否定して科学万能に拝跪《はいき》しています。現代は、唯物論を絶対視する高慢な人種が急増しているのです。拝金主義者や唯物主義者が人類社会を席捲していて、彼らの思想が正当化され、人類の価値観となってしまっています。

このような誤った価値観に換えて、神のアガペーの愛に目覚めなければ、ハルマゲドンの結果はおのずから見えています。われらが守護神・不動明王は、この地球を、サタン等の巣窟と化した人類の魂を一掃すべく神の命を受け、すでに未来を決定しているのです。

しかし、未来は神の意志でありますが、何度も言うように、そこには〝揺らぎ〟があります。人類がいち早く神の愛に目覚め、その光を謙虚に感謝して受け入れ、実践するならば、闇のサタン等は離れ去り、神の審判は下されず、人類は至福のうちに存続することができるのです。われわれ人類は皆、神の子だからです。

三　真理

神の存在を人類の言語で表現することは、残念ながら不可能と言わざるを得ません。というのも、実体界もこの世界もすべての魂も、神自身だからです。われわれは、神の存在の属性として愛と光は感じ取れますが、神はすべての実体であるため、その実体は計り知れないのです。

しかし、この項ではあえて神の実体を人格化し、その意図と現在に至るまでの経緯を、実体界における過去の時空から読み取り、述べてみることにしましょう。

郵 便 は が き

恐縮ですが
切手を貼っ
てお出しく
ださい

160-0004

東京都新宿区
四谷4－28－20
(株) たま出版
ご愛読者カード係行

書　名					
お買上 書店名	都道 府県　　市区 郡　　書店				
ふりがな お名前			大正 昭和 平成　年生　歳		
ふりがな ご住所	□□□-□□□□			性別 男・女	
お電話 番　号	（ブックサービスの際、必要）	Eメール			
お買い求めの動機 1. 書店店頭で見て　2. 小社の目録を見て　3. 人にすすめられて 4. 新聞広告、雑誌記事、書評を見て（新聞、雑誌名　）					
上の質問に 1. と答えられた方の直接的な動機 1. タイトルにひかれた　2. 著者　3. 目次　4. カバーデザイン　5. 帯　6. その他					
ご講読新聞　新聞		ご講読雑誌			

たま出版の本をお買い求めいただきありがとうございます。
この愛読者カードは今後の小社出版の企画およびイベント等の資料として役立たせていただきます。

本書についてのご意見、ご感想をお聞かせ下さい。 ① 内容について
② カバー、タイトル、編集について
今後、出版する上でとりあげてほしいテーマを挙げて下さい。
最近読んでおもしろかった本をお聞かせ下さい。
小社の目録や新刊情報はhttp://www.tamabook.comに出ていますが、コンピュータを使っていないので目録を　希望する　いらない
お客様の研究成果やお考えを出版してみたいというお気持ちはありますか。 ある　ない　内容・テーマ（　）
「ある」場合、小社の担当者から出版のご案内が必要ですか。 希望する　希望しない

ご協力ありがとうございました。

〈ブックサービスのご案内〉

小社書籍の直接販売を料金着払いの宅急便サービスにて承っております。ご購入希望がございましたら下の欄に書名と冊数をお書きの上ご返送下さい。

ご注文書名	冊数	ご注文書名	冊数
	冊		冊
	冊		冊

神は、完結している自らの魂の大きさを計り得る比較対象がないことに自同律の不快をいだき、自らの魂を無数分け放ちました。しかし、放った魂（分魂《わけみたま》）が神のコピーとならないように、分魂一つ一つに個性を与えました。コピーでは自問自答となり、自同律の不快は解消されず、比較対照するには、自分とは異質なものでなくてはならないからです。

この個性を与えたことが、神の失敗でした。分魂たちは、元来、神の本性である愛を受け継ぐべき者たちだったのですが、神と同じ永遠の存在であることを求め始めたのです。その結果、与えられた個性が偏り始め、神性にはなかった我欲を持つ者が現れるようになりました。

やがて、欲を持った分魂は他の分を呑《の》み込み、結果として、それまで神の光の世界だった空間に闇を造り出したのです。

無数の分魂を呑み込んだ魂は、漸次巨大化し、サタンとなりました。神は、サタンの存在を受け入れざるを得ませんでした。なぜなら、サタンの存在が自己矛盾の存在だったからです。

神は、未だサタンに呑み込まれていない天使や善神や動物形の分魂を戦士とし、サタンが造り上げた闇の世界を壊そうとして戦い続けざるを得なくなりました。

サタンたちは他の分魂に欲を持たせて入り込み、その分魂に成り済まして他の分魂を油断させ、呑み込むという手段で力をつけていきました。彼らは神の決定する未来をも読み取れるため、戦いは混迷し、今に至ります。もちろん、神軍が優勢なので宇宙は拡大していますが、今や、地球人類の多くの魂がサタン軍の隠れ家となり、サタンたちのエネルギー（欲望）の供給源となって、太陽系の実体界において戦況を逆転させています。

サタン軍の勝利は実体界の消滅を招き、三次元空間に呑み込む存在、つまりブラックホールの出現をもたらします。そして、三次元宇宙におけるブラックホールの多発はビッグクランチを招き、宇宙は無へと還元されてしまうのです。

このことが三次元宇宙拡大という神の意図に反するので、太陽系がブラックホールと化す前に、神は太陽系の主実体である不動明王に命じて、カルラを解き放ち、全生物を一掃する未来を選択しているのです。

実体界での分魂の失敗から、神はサタンたちを排除するために、時間軸の存在しない魂のあり方を管理し得る（霊界での指導）三次元宇宙を開闢（ビッグバン）しました。しかし、残念ながらサタンたちは神の光の届かぬ空間と魂の闇を住処として、三次元世界にも入り込みました。実は、神は三次元の闇をサタンの牢獄として封じ込もうとしたのですが、これも神の失敗となりました。といっても、天使、善神、龍神等は補佐しています。

神は自らの光を、時間の存在しない（三次元）空間の起源として解き放ちました。

無から発せられた光は光子となり波動し、素粒子、原子へと成長し、原子は連結し分子となり、星が生まれ、大質量となった星は強い引力を持ち、時空を呼び込み、実体界の作用を受け、分子は光子へと還元され、発光する星、恒星が生まれました。恒星は水素の塊ではなく、核融合で燃えているのではありません。

恒星の大質量の強い引力に取り込まれた小質量の星々は、恒星を公転し惑星となりました。大気を持つ惑星では、光子と大気成分の衝突で熱が発生し、気温を持ち、特に水を多く持つ惑星では水の還流が起こり、安定した気温となり、生物が存在し得る自然環境が生まれました。地球はその一つです。

このように、三次元宇宙の万物は、神の光の波動によるものであり、われわれの肉体もそうであるがゆえに、われわれは三次元世界を知覚できるのです。恒星、惑星、生物の誕生等は、神の光を基に、高次元の魂が直接の実体として作用しています。わが地球の場合、不動明王がその役目を守護神として担っています。

神と守護神は、自然環境の整った惑星のものに命を授けました。生物の始めは、無機物の酸化によりエネルギーを得る細菌でした。その細菌を捕食する細菌が生まれ、細胞に核を持つ真核生物へと進化し、原生生物となりました。やがてそれは多細胞化し、動物と植物へと分かれ、現在の地球生物界が形成されました。

この進化は、ダーウィンの進化論の自然淘汰によるものではありません。ユーゴー・ド・フリースの突然変異説の方が的を射ています。生物の進化は、実体界の影としての、形体形成によるものなのです。つまり、神のデザインによるということです。ダーウィンがガラパゴス諸島で観察したような、自然淘汰による瑣末《さまつ》な進化は間違いではありませんが、種の本質を変えるような進化は、自然淘汰では起こりません。チンパンジーは百万年後もチンパンジーのままで、人類には進化しないのです。古生物学者を悩ませているミッシングリンクはそのせいなのです。

ちなみに、ミッシングリンクとは、化石などから知り得る情報が、ダーウィン的進化論の時系列からは著しく逸脱していたり、進化の途中段階が見つからないというものです。例えば、キリンの長い首の進化段階の化石が出ないとか、ネアンデルタール人とクロマニヨン人の時代的差がなく、一時代、共存していたとかです。

この人類進化のミッシングリンクは、形体形成ではなく、地球外の高度な文明を持つ異星人による遺伝子交配の結果であり、現代地球人は地球の旧人と異星人の間に生まれたのです。人類以外の全生物の体内時計が二十四時間なのに対し、人類だけが二十五時間の体内時計を持つのはそのためです。この交配は、神の意図を知る異星人によるもので、例外です。なお、このことは、旧約聖書の創世記第六章一～一〇に、異星人を、神の人たちとして記載されています。

生物の進化は神の進歩的デザインの変更であり、神の意図する魂の成長を具現するための、魂の器の変異です。ただし、神は自ら定めた実体界の過去の時空の固定と、現在・未来の因果律を破れないので、デザイン変更といっても、地球生態系を狂わすような変異ではなく、因果律の可能性に則った進化をもたらす範囲の変更です。

この地球生物界において、神は過去五回も掃滅しており、今度が六度目となります。過去の五回とは違い、今回は全地球生物が滅亡します。それはサタンの勝利ではなく、神の未来選択なのです。

三次元宇宙の万物には寿命があります。特に、有機体としての生物の寿命は短いのです。しかし、肉体の寿命は短くても、魂は神の魂に還元されない限り、不滅のものです。サタンも含めて、すべての魂は神の分魂だからです。

生物が死ぬ、ということは、魂がその肉体から抜け出る、ということです。ほとんどの魂は、その種が絶滅しない限り、前生と同じ種、つまり子孫の新しい肉体に宿り、生き、そして死に、また宿る、という輪廻転生をしています。種が絶滅しても、新種や近似種に生まれ変わります。人類以外の生物の転生は速やかに行われているため、下等生物であっても前生記憶が消えないので、種の保存のための教育・学習がなくても、栄養のある食物を摂ったり、生殖したり、産み育てたり、天敵を恐れたり、共利共生の別種の相手を知っていたりするのはそのせいです。また、ペットが人間に懐《いだ》くのも同様です。本能という概念は間違っています。本能という能力は存在しないのです。

つい最近、ルナと名づけられた野生の若いシャチが群れから離れ、人間にべったりと甘える様子がマスコミ等で報じられました。つきまとうのに困った野生保護の生物学者たちが、ルナを人間から離して群れに戻そうと試行錯誤しましたが、結局失敗しました。無理やり人間から突き放された哀れなルナは、大型船に戯《ざ》れつき、そのスクリューに巻き込まれて死にました。

この事件の関係者は、皆、野生動物の謎として片づけていますが、大間違いです。ルナの前生は水族館のアイドルだったのです。ルナには、水族館での記憶が強く残っていて、人恋しさからの行動だったのです。かわいそうなルナですが、すぐに転生し、次もシャチとして生まれ変わります。ルナとしての記憶があるから、きっと次は人間を怖がるシャチとして長生きするでしょう。そして、本来のシャチの野性を取り戻すはずです。

このエピソードから分かるように、輪廻転生による魂の成長はほとんどなく、魂の器である肉体の進化なくして魂の進化もありません。だから、神は実体として、進歩的デザインで生物を進化させているのです。

しかし、人類だけは神の相似形にまで進化していて、例外です。ただし、地球生物で最も進化した人類も輪廻転生していますが、他の生物のように速やかに転生しません。人類にとって、前生記憶は障害になるからです。前生記憶を持つ子どもやチベット仏教のダライラマの存在があり、実際にあることですが、わが子が前生記憶を強く持っていて、自分はどこそこの誰だった、と話し、それが事実であると証明されて驚愕する親や、前生の性別の記憶が強く、違った性別で生まれた、性同一性障害で苦しむ人も少なくありません。

しかし、それらはあくまで特殊な例であり、ほとんどの人間は前生記憶を失い、無垢の状態で転生します。それは、人類が言語を使うほどの高い知能を持っているからです。

人類すべてに前生記憶が残れば、大変なことになります。例えば、犯罪で殺害された者や戦争で死んだり略奪されたりしたものが、その記憶を強く持つと、恨みを持ったまま転生することになって、敵討のために次生を無駄にしてしまいかねません。そうなると、人類社会は混乱し、やがて人類は自滅してしまいます。このように、人類の前生記憶は大きな障害となるのです。

この問題の解決のために、不動明王は九次元の如来級の魂に命じて、実体界に人間霊界を設けさせたのです。

生物は、その器となる肉体と魂から成る、と便宜上述べてきましたが、実際は、肉体、アストラル体、魂の三層で成っています。

アストラル体とは、肉体と魂の中間的存在の、霊的エネルギー体で、われわれがふつう、オーラと呼んでいるものです。下等生物の魂は極微小で、肉体とアストラル体から成っているといってもよいほどです。アストラル体は、生物の死後、肉体を離れ、魂の保護膜としての霊体となるのですが、とても不安定なエネルギー体で、すぐに転生できないと飛散します。下等生物のような極微小な魂は、肉体を離れ、露出されると、個としての記憶を失い、霊的エネルギーとして神の魂に還元されますが、アストラル体は肉体の実体であり、神経の伝達をつかさどり、記憶の機能を持っています。だから、極微小の魂の昆虫でさえ、記憶を持ち、種の保存ができるのです。

一方、人類の魂における記憶は、アストラル体の機械的な記憶としてではなく、主体的な行動の結果を善悪、損得、成否等、自らの価値基準で評価し、自己意識として残ります。善悪の基準とは、魂の神性を意味します。つまり、魂は本来、何が善で何が悪であるかを神の子として知っている、ということです。カントの言う格率は、神の分魂としての魂の善悪の判断基準といえます。しかし、無際限となった我欲と、唯物主義の間違った社会道徳によって、多くの人々の格率は神性を失い、魂は矮小化し、サタンたちに蹂躙《じゅうりん》され、憑依《ひょうい》の連鎖を生み、うつ病や人格障害や多くの精神病の原因となっていて、猟奇的犯罪や自殺の温床ともなっているのです。

人は死ぬと、魂はアストラル体に包まれたまま肉体を捨てます。ほとんどの魂は、「真の今」のトンネルを抜け、神の光に導かれ、実体界（霊界）へと向かいます。霊界に入る途中、守護実体である指導霊が現れ、死の自覚を諭され、霊界に入る準備を指導されます。準備とは、さらにアストラル体を脱ぎ捨て、実体界に戻れる実体、つまり魂となることです。

アストラル体を脱ぐ時に、生前のすべての記憶（誕生から死に至るまでのシーン）が、まるでドラマを見ているように客観的再現として現れ、生前、自らが他者に与えた利他愛、逆の我欲による行為を認識します。そのことを通して、魂が利他愛によって拡大し、我欲によって縮小すると悟り、自らの大きさを測り知るに至ります。

また、魂の大きさは魂の明度と比例しています（闇のサタンたちは、他の魂を呑み込み、張りぼてで肥大しています）。

このように、アストラル体を脱いだ魂は、自らの大きさと明るさを自覚し、指導霊の指示のもとに、自分に合った霊界に入るのです。

以上の例は、素直で真面目な魂の昇天の場合ですが、そうではない魂が多くいて、霊界の指導霊（守護霊）たちを困らせています。さまよう魂と地獄に落ちる魂がそれに当たります。

さまよう魂には二種類あります。強い執着を持つ魂と、突然死した魂です。彼らにも実体界への光の誘いはあるのですが、執着の強い魂は、その執着する対象から離れられず、突然死した魂は、死の自覚がなく、さまよっているのです。

問題は、彼らが昇天しないことではなく、彼らが生きている他者に憑依し、他者の魂の成長を妨げていることです。

本来、アストラル体は実体界では守護霊の庇護のもとにあって、無用な存在ともいえるのですが、この三次元世界では、魂の露出は、下等生物の小さな魂が神に還元されるのとは違い、自我の強い人間の魂は、直接実体界（霊界）に引き込まれることに強い不安と苦痛を感じます。そのため、さまよう魂は生きている他者のアストラル体に潜り込み、盗み、この世界をさまよい続けようとするのです。憑依された者は、さまよう魂に感化され、憑依した魂と似た性格となり、最悪の場合、精神を患い、同じ悪運を辿る羽目となります。

これが、憑依による悪運で死に、さまよい、それがまた憑依するという、憑依の連鎖を生みだしています。

こうした、憑依する者とされる者には共通点があります。それは、我欲が強い、ということです。強い我欲が神性の格率を失わせ、魂の矮小化を招き、サタンたちを呼び込み、魂の守護霊の庇護を受けられなくして、悪運に魂を陥れているのです。さまよう魂は、ついにはサタンの餌食となり、地獄へ落ちていきます。地獄界とは、実体界の闇の世界、つまりサタンの支配する世界のことです。

サタンたちは、魂が強い我欲を持った時点で入り込み、憑依の連鎖を操ります。これが、サタンたちの常套手段です。

地獄に落ちる魂の中には、死後、直接引き込まれる魂も多くいます。それは、生前に多くの魂を傷つけ、怨念を懐かせ、地獄に落とした魂です。その極悪の魂は、自らが落とした怨念の魂の復讐を受け、地獄へ引きずり込まれるのです。

それと、自殺者の魂も、即、地獄に落ちます。しかも非常に厄介な地獄に、です。自殺も憑依による場合がほとんどですが、自殺者の魂には強い現実逃避の念があり、神の光を完全に遮断し、他者の存在を否定して、孤独の真っ暗闇の地獄に落ちています。それはサタンの腹の中なのです。

地獄は神や高級霊の設けた世界ではなく、サタンによってつくられた世界です。地獄に落ちた魂は、おのおのの執着の対象によって、類を呼んで地獄界を形成しています。例えば、金欲に執着している魂は、金銭を求めて、お互いに凄まじい奪い合いを繰り広げています。情欲に執着している魂は、異性を奪い合い、犯し合っています。

そうした烏合の衆の中に、力を持つ者が現れ、魔王となり、サタンの配下となっているのです。つまり、ここでは神の意図とは正反対の負のヒエラルキーがつくられているのです。

サタンの力は負ですが、九次元の霊力に相当し、魂の守護実体では適う相手ではありません。そこで、天使たちが地獄に落ちた魂を引き上げ、霊界に戻そうとしています。これが神とサタンとの戦いであり、光と闇のせめぎ合いなのです。

現在、地球実体界が直面しているハルマゲドンは、サタンの地獄界が人々の金銭欲という無際限の我欲によって肥大化し、太陽系の実体界が消滅に向かっていてブラックホール化する危機にある、ということを示しています。

人類社会が原始共同体であった頃、すでに人間霊界は存在していましたが、その時代の人類のほとんどが前生記憶を持ち、その魂は肉体にありながら霊界へと自由に行き来していました。その頃の霊界は、サタンに呑み込まれ、地獄に落ち、天使によって引き上げられた少数の魂が治療を受ける場、つまり病院のような存在でした。

ところが、現代の霊界は、人類が欲でお互いを殺し合うようになり、転生において、ほとんどの魂の前生記憶を消すという、リサイクルセンターと化してしまっています。この前生記憶の消去こそが、人類総サタン化の引き金となったのです。

人類が霊的存在であると自覚していた頃は、人類皆が神の分魂であり、自然とは神の光である、ということを知っていました。そして、なぜ自分が肉体に宿っているかをも自覚していました。肉体の生老病死の試練を自ら選択し、前生で作った悪しき業（カルマ）を浄化して、自らの魂の成長を図ったのです。

その頃の社会的地位は魂の大きさによって決められ、長《おさ》となる者は預言者であり、魂の師として全幅の信頼を置かれていました。

それがいつしか、社会的地位は魂の大きさではなく、体力や財力に取って代わりました。その結果、人類は貪欲となり、皆が神の子であり兄弟であることを忘れ去り、権力欲の充足のための戦争で殺し合うようになったのです。そして、前生記憶が人類存続の障害となったため、守護神・不動明王は如来に命じて、かつての霊界ではなく、リサイクルセンターとしての人間霊界を設けさせたのです。

前生記憶を持たず転生している現代人のほとんどは、科学至上主義の唯物論による教育を受け、人間は霊的ではなく機械的存在で、機械である肉体の死は無に帰すると信じ込んでいます。今生の、たった一回の人生で損はしたくないという願望を持ち、それが貪欲となり、サタンを招き入れてしまっているのです。その上、転生を自身の選択であることすら忘れ、生みの親を恨んだり、自らのカルマによる不運を社会のせいや他人のせいにするに至っています。

前生記憶がなくても、前生に作った悪しきカルマは、霊界で反省はできますが、肉体界で作ったカルマは肉体界でしか浄化できません。カルマの浄化のために人間は輪廻転生しているといってもよいほど、魂の成長には重要な課題なのです。なのに、現代人のほとんどが、前生記憶がないため、霊界で自らが決めた悪しきカルマの浄化のための未来（運命）を、運が悪いとか、他者が悪いとかで自暴自棄になったり、他者を恨んだりしていま す。極端な場合、前生で他人を殺して、その悪しきカルマの浄化のために今生で殺されるという運命を選択している魂もあります。

このように、前生記憶の消失は、原因は人類自身にあるのですが、前生で作った悪しきカルマの自覚をなくし、人々に悪念を抱かせ、人類総サタン化の最大原因となっているのです。その悪念の最たるものが金銭欲なのです。地位も権力も名誉も多くの自由も、そして、本来カルマによる性別や美醜さえもが金で手に入れられる現代社会となってしまったからです。

人類全般の前生記憶の消失は、転生する瞬間、つまり魂が新しい肉体に宿った瞬間になされます。新しい肉体とは、具体的には胎児の無垢のアストラル体のことです。

一方、前生記憶を消失せずに転生する魂も実際あります。事故死した幼児の魂など、サタンの直接拉致によって死んだ者の魂などです。彼らは即座に天使たちに救済され、霊界には戻らず、前生のアストラル体をまとったまま、前生記憶をそのままに転生するのです。

しかし、その残っていた前生記憶も、新しい肉体であるアストラル体の中で徐々に薄れていき、思春期には完全に消えてしまいます。霊的存在を自覚していた古代人の前生記憶は、アストラル体の記憶によるものではなく、魂の自己意識であり、生涯消えるものではありませんでしたが、やがて、人類が殺し合うようになり、前生記憶によって社会の混乱や人類自滅を招く恐れが出てきました。そこで、それを防ぐために、如来は、転生時において、この自己意識の記憶を魂に封じ込めて消すよう、守護霊たちに命じたのです。

前述したように、前生記憶の消失によって人類の総サタン化が引き起こされたのですが、もう一つ、魂の成長における大きな弊害の原因にもなっているものがあります。

それは、せっかく前生で魂を大きく成長させ、今生の生き方で、さらに高次元へとステップアップしようとする魂の多くが、逆に退化してしまっている、ということです。彼らは、前生において強い自己実現能力を持ったため、今生の生活で名声や地位を得る者が多いのは当然ですが、前生記憶がないために、その成功を、魂の自己実現力ではなく、自らの努力と才能によるものだと自惚《うぬぼ》れます。そしてその結果、多くの者は巨万の富を得ながらも、すべてわがものとして、他人に施しをするなどとはつゆほども考えず、贅沢三昧の生活をし、そのことによって、魂を矮小化させているのです。

このように、前生記憶の消失は、サタンによらずとも魂の成長の障害となっているのです。

今生で恵まれた生活を送る人々には、二種類あります。一つは、今述べたような人々ですが、もう一つは、前生であまりにもひどい仕打ちを受けて死に、霊界に戻ったものの、肉体界でのひどすぎる苦痛の記憶から転生を望まなくなっているために、如来がその魂に授けた、休息の運命にある者たちです。彼らは、魂のグレードとは関係なく、大資産家や王家の子として転生しています。

いずれにしても、人類が前生記憶をなくしてから今日まで、ほとんどの魂が四次元の出自の町に戻るのが精いっぱいで、大きく成長する魂がほとんどないため、実体界の拡充という神の意図に反する状態となっています。

否、それどころか、かえって貪欲さによってサタンの闇を拡大し、実体界に欠落を招こうとしています。このような魂の存在は、神の意図にとって、今や無用なだけでなく、厄介なものとなっているのです。

守護神・不動明王は、地球の全生物を滅亡させよ、という神の命を受けてはいますが、地球を救おうとして、天使や善神や龍神や高級霊とともに闘っています。不動明王は十二次元の存在で、霊力においてはサタンに勝るのですが、サタンは神の決める未来を読み取り、呑み込んだ無数の魂を地獄界という張りぼてとし、巨大な闇の体を作っています。

しかし半面、その実体は小さくて捉えようがないのです。

このように、たとえ闇が地獄のものであるとしても、元はみな神の分魂であり、人質であったため、サタンの実体を捉えない限り、不動明王といえども武力行使はできないのです。

人類の堕落によって前生記憶の消失がなされた後、来るべきハルマゲドンを予知していた不動明王は、宗教による人類の教化を進めていたのですが、その宗教までもが分化しイデオロギー化して、人類の欲に利用されて多くの戦争を招き、今に至っているのです。

ハルマゲドンと化した太陽系実体界における戦いとは、魂の争奪戦を意味しますが、今や、サタン軍が優勢に立っています。人間霊界では、戻らない魂が無数にあるために、過疎化が進み、霊界の時空にひび割れが生じて、そこへ闇が侵入しつつあり、太陽系実体界が消滅に向かっています。

地球の人口増加に応じて、転生する魂が足りなくなり、人の魂を持たない子どもたちが多く生まれています。霊界に戻らない魂の大部分はサタンによる地獄霊ですが、本来、肉体を離れた魂には睡眠は必要ないのに、眠ったまま目覚めない魂が膨大に増えていることも原因になっています。なぜ目覚めないかというと、生前、唯物論の固い信念を持った者たちの魂で、死は無に帰する、という思い込みから、まさに永眠しているのです。

彼らのいる時空は、霊界でもなく地獄でもない、いわば半地獄と呼ぶべき世界です。半地獄には、眠る者たち以外にも、生前の固い信念に縛られて霊界に戻れない魂も無数にいます。最も愚かなのは、ある宗教の狂信者たちです。彼らは、宗教対立ばかりか、自分たちのいる半地獄が天国なのか地獄なのかなどと論争に明け暮れている始末で、守護霊の諭しにも耳を貸そうともしません。

このように、間違った宗教による信念で、多くの魂が昇天しないことに、不動明王は嘆いています。


人間霊界は、九次元の如来の内包として、六段階の層に分かれています。

各層は、一次元上の魂を守護実体として実体界の時空に存在しているので、最下の四次元霊界では、多くの五次元の魂を守護実体としていて、その数は膨大です。つまり、小さな町が無数に点在しているということです。

その小さな町の住人である魂たちは、皆が同じ価値観を持ち、とても親しく、お互いに似た性格をしています。五次元の、個性のある一つの魂を実体とするからです。町全体が、ソウルメイト（魂の友）で構成されています。ソウルメイトとして、何度も同時代に転生していて、親子、兄弟、姉妹、祖父母と孫、等の肉親として、世代、性別を変えながら、輪廻転生しています。夫婦、恋人同士、親友という運命の出会いの関係もそうです。また、町の魂たちは、霊界（中間生）で、お互いの立場を約束し合って転生しています。

中間生での約束によって、ソウルメイトは肉親として転生したり配偶者や親友と運命的出会いをしていますが、だからといって、そのすべてがソウルメイトである、というわけではありません。むしろ、親子であっても、霊界における他の町の価値観の異なる魂同士である場合が多いのです。複数の子を持つ親が、理解しやすく愛情を持てる子と、理解し難く愛情を持てず、軋轢《あつれき》が生じてしまう子があるのは、そのためです。

しかし、ソウルメイトでありながら、ネガティブな関係を続ける魂もあります。例えば、敵軍の兵士として殺し合ったり、事件の加害者と被害者であったり、許されぬ恋仲であったりしているソウルメイトたちは、前生においては親友や配偶者となる運命でした。しかし、中間生での約束の記憶がないために、憑依や我欲によってその運命に狂いが生じてカルマを作ってしまい、そのカルマを解消するために、今生で、このような悪しき関係となる約束をしているのです。彼らの悪い関係は、今生で相手を許し、利他的に愛さない限り、この約束の連鎖は断ち切れません。つまり、肉体界のカルマは肉体界でしか解消されないのです。

しかし、この者たちは、本来同じ価値観を持っているので、許すことによって相手の心情をわがものと感じ取れるようになり、利他愛に目覚めます。そのようなソウルメイト同士の関係は、厄介ではありますが、切磋琢磨し合うことで肉体界の行を実践しているのです。

このように、ソウルメイトは良くも悪しくも、肉体界の人生で、支え合ったり、切磋琢磨したりして深く関わっています。それによって、われわれ人類が利他愛に目覚める契機となります。その意味で、ソウルメイトの存在は重要なのです。

しかし、その利他愛も守護実体からすれば自愛であり、真の利他愛とはなり得ません。真の利他愛とは、今生の縁も全くないすべての他者の幸福のために自己犠牲できる愛のことです。肉体界にあるすべての魂が神の分魂であり、兄弟であると諭されても、真の利他愛を持つことは不可能です。それは肉体行の放棄となり、行における魂の成長の妨げとなるからです。

釈迦の前生記憶に関する美談の中に、獲物がとれず餓死寸前の虎の母子に、わが身を捧げる青年の話がありますが、これは美談どころか、神のひんしゅくを買う行為です。自らの選択によって肉体に宿り、生老病死という実存の苦難、つまり孤独、不安、絶望という苦悩の体験を経て、他者の苦悩をわがものとし得る、利他愛の学び舎としての神が授けた肉体を粗末にするばかりか、猟をしなければ自己保存できないという、虎としての宿命をもいたずらに変えてしまう、軽率な利他愛にすぎないのです。

神は、肉体界にある魂に、自己保存の欲である、自愛までも犠牲にするような利他愛を望んではいません。自愛さえ満足にできぬ者に、利他愛は持てぬ、ということです。イエスの死は、他者の悪しきカルマの贖《あがな》いにはなりません。カルマは、おのおの魂自身が肉体界で贖わなければならないものなのです。その贖いのために、われわれは輪廻転生しています。肉体の自愛のうちに、実存の苦悩を克服し、前生記憶がなくても、自らの神性の格率に従い、利他愛を実践し、すべての悪しきカルマを浄化し得た魂は、輪廻転生という魂の成長の必要性から解放され、守護実体として、真の利他愛を実践し、多くの魂を育むものとなります。
さらに、魂は、実体界での行である個としての自我の消化をなします。すなわち、神の無限の無に近づき、神の光をわがものとする大いなる光の実体へと成長し、大いなる真の利他愛の具現者として新しい星の守護実体となり、その星で進化させた知的生命体から神と呼ばれる存在となるのです。我・不動明王のように。

これが、創世神の意図であり、われわれ人類の存在理由なのです。

四　霊界の消息

四次元霊界における町々は、大小さまざまで、まるで天空都市のように存在しています。しかし、どの町にも外門があり、町の中央に通ずる道があり、その中央には巨大な直実体である守護霊が建ち、町の人々を護っています。

人々は生前の姿をしており、その出で立ちや住まいは、時代、人種、文化の違いによって多種多様です。

建物は、魂の念によって造り出されているので、それを造る魂が生前の生活で最も慣れ親しんだ仕様になっています。また、集会場のような巨大な建物は多数の魂の合意によって造られています。

意思の伝達はすべてテレパシー（精神感応）によって行われるので、言語の違いは問題ありません。

肉体を持たないので食事や睡眠をとる必要はありません。

男女間の性交はありませんが、恋愛や結婚はあります。結婚といっても、それは魂の結合を意味し、二つの魂が一つになることです。

死もありますが、肉体界での死とは全く異なるものです。それは、四次元の魂が五次元へと昇華することなのです。四次元の時空に五次元への扉が開き、大きく成長した魂がその時期を悟り、開かれた扉から町を去る、というものです。

五次元霊界に躍入した魂は、守護霊となって新しい四次元の町を造り出したり、出自の町の守護霊を補佐する役目を担ったり、その他さまざまな役割を持つ指導霊となります。

同様に、四次元の魂も、三次元の人々を守護したり指導しています。例えば、四次元の人々の暮らしは、生活するための労苦はないので、生前やり残した仕事や、やりたかった仕事に勤《いそ》しみます。内容は、芸術、建築、科学、その他の研究活動など多岐にわたりますが、自分の仕事が完成すると、同じ道を志す肉体界の人間たちに、ヒントや助言などを閃《ひらめ》きのかたちで与えたり、肉体界にいるソウルメイトの肉親を守護したりもしています。

霊界とは、一つの世界ではなく、四次元、五次元……九次元、それ以上の世界と、多層階に分かれています。また、下っては地獄界も複数層で構成されています。

上の次元から下の次元はよく見えますが、下から上は見えにくくなっています。具体的には、四次元の人々は、五次元の魂を巨人として、あるいは守護霊として見ることはできますが、五次元世界を見ることはできません。テレパシー（精神感応）も、五次元までは受け手の生前の言語として伝わるのですが、六次元以上では、言語ではなくビジョンで伝わるようになります。ただし、人々は、言語で受け取るのかビジョンで受け取るのかを適宜使い分けています。

五次元の町も、四次元世界と同様に、六次元の魂が巨大な守護霊として町の中央に建っていますが、四次元の町より明るく自然も豊かで、町というよりは山村といった風情です。

時代、人種、文化の違いは、四次元の町に比べて薄れています。

五次元の人々の姿は、四次元の人々が生前の姿なのに対し、多くは自分の過去世で一番気に入った出で立ちをしていますが、状況に応じて変幻自在に変わります。肉体を去って新しく入ってきた魂を指導霊として導くときに、その魂が最も安心できる姿、例えば先立った親類や聖人、如来などに変化するのはそのような時です。

五次元の人々は、四次元の人々に比べて他者への執着が希薄になっているので、守護霊としての仕事以外は、六次元世界へのステップアップのために、もっぱら自我を捨て去るための瞑想行に勤しんでいます。

六次元世界は、五次元の町よりもさらに明るく黄金色の光が輝いていて、町というより素晴らしい大自然の中に小さな建物が点在している世界です。巨大な守護霊の姿はもはやありません。

人々は、五次元以下の人々を守護するために働いていますが、七次元へのステップアップのための、自我の喜捨行が主たる仕事となります。

彼らには肉体界の執着がなくなり、出で立ちも、魂そのままの姿で暮らす者がほとんどです。もちろん、状況に応じて変幻自在に変わりますが。

ここまで昇華した彼らが肉体界へ転生することは、自らが望まない限りはありません。輪廻転生という肉体行の必要性から、この六次元ですべての魂は解放されるということです。

七次元は、六次元よりもさらに明るい黄金色に満ちた世界です。金色の大自然が広がり、巨大な集会場は見受けられますが、個人の建物はもはや存在しません。人々の姿は完全な金色の魂そのままで、大自然の中の大樹に宿り、そこで暮らすので、住居を必要としないのです。

彼らは、地球の三次元世界をすべて見通す力を持っています。三次元世界で重要な問題が発生した時は、例の巨大な集会場に集結し、力を合わせて問題の解決を図ります。具体的には、人間が造った神社や像に宿り、聖人あるいは現人神として、頼る人々の神として助けを与えます。彼らこそが、肉体界の人々にとって最も頼られている天使的存在で、最も多忙で利他愛の行にある者たちなのです。

八次元は、眩《まばゆ》いばかりの黄金色の光の世界です。仏教でいう菩薩界です。人々は自我をほとんど解消していて、神の分魂として授かった己の個性を自覚し、光の存在として神から大きな力を授かっています。守護神としての働きはもちろんですが、不動明王とともに、地球実体界におけるハルマゲドンを戦っているのが彼らです。

九次元は、人間霊界の最大で最上の階であり、仏教でいう如来の世界です。如来は、神から授かった個性を捨て、八次元以下のすべての魂を包含する者です。その力がサタンと比肩するので、人間霊界を任されているのです。

九次元および九次元以上となった魂は、地球の霊界を卒業し、太陽系、銀河系の実体界へと進境し、宇宙の調和を担います。そして、魂が十二次元に達すると、神の光の具現者となり、一つの恒星を生み出す守護実体となるのです。

神が最初に分魂した天使、諸神も九次元以上の存在です。天使とは神と相似形の人形《ひとがた》、諸神とは無形の光の者たちです。両者は三次元宇宙の開闢以前から、宇宙拡大という神の意図を妨げようとするサタンと戦っていて、特にハルマゲドンと化した地球実体界にその多くが集結しています。

龍も最初の神の分魂の一つですが、宇宙開闢後、水をつかさどる者として、実体界と物質界の間で肉体のないアストラル体に宿り、生殖や寿命もあり、輪廻転生しています。実体界で神格化したものが龍神ですが、人形天使と同様にサタン化したものも多くいます。その最大級のものがカルラです。このハルマゲドンのなか、龍たちは、仲間同士で戦っているのです。

地獄界は、半地獄の世界とサタンが支配する三層の世界で成り立っています。

半地獄は夕暮れのような明るさで、四次元の町と同様に、多種多様の人種、文化が混在していますが、人々は、生前の偏った信念の、似た者同志の寄り集まりで、永眠している者、唯物論者、エゴイスト、狂信者、刹那主義者などで構成されています。

サタンが支配する執着地獄は、月夜のような薄暗さです。この地獄は、我欲の種類によって大別すると三つの町に分かれます。性欲の町、物欲の町、闘争の町です。

性欲の町では欲情が満ち、肉体がなくて性交ができないので余計に悶え苦しみ、それでもお互いに異性を奪い合っています。

物欲（金銭欲）の町では金品を奪い合っています。

闘争の町では争いが絶えることがありません。自己中心の我欲の塊の人々の世界です。弱肉強食の世界で、勝った強者が町を支配して魔王となり、君臨します。負けた弱者はその時、他者の痛みを悟らなければ、鬼地獄に落ちます。

鬼地獄は月光もない深夜の暗さで、荒涼とした砂漠の世界です。時折、裸同然のぼろを身につけた男女が、何かに怯えてパニック状態で逃走しています。彼らは鬼から逃げているのですが、鬼どもは彼らの三倍も大きく、手には大太刀や金棒を持ち、捕えた者を容赦なく切り刻み、なぶり殺します。殺すといっても、肉体のない死霊なので死ぬわけではありませんが、その痛みは肉体界と同じく、激しい苦痛を伴います。鬼に虐殺されるごとに魂は小さくなってしまいますが、それでも自分だけは助かりたいと、必死に他者を押しのけて逃げ回っているのです。

鬼は、元来は天使だったのですが、サタンに呑み込まれ、サタンが最も快楽としている虐殺の命《めい》を受けた、堕落した天使たちなのです。

さて、鬼に何度も殺された魂は微小となり、最下層の無双地獄へと落ちていきます。無双地獄は光が全くない漆黒の闇で、ここに落ちた魂は、金縛り状態で微動だにできません。ここで最大の拷問を受けた魂は、神の分魂としての本質を完全に失い、ついには狂った虫のようになります。こうなるとサタンにとっても利用価値がなくなり、あとは捨てるだけです。そして、この捨てられた愚かな魂を、神は無機物として再び三次元世界へと還元するのです。

ただし、以上のような四つの地獄界にたとえ落ちたとしても、我欲を捨て、少しでも利他愛に目覚めるならば、その魂は光を放ち、天使たちの救済を受け、霊界に戻ることができます。しかし、自殺者や虐殺を行った独裁者、猟奇的殺人者たちの多くが、自らその権利を放棄しています。

輪廻転生とは、肉体行という過酷な魂の行ですが、転生する魂の次元によってその意義は違ってきます。

四次元霊界の人々が転生するのは、ソウルメイトとの約束や、指導霊の指示によって本人が決意して行われるのが主たるものです。彼らは、前世でつくった悪しきカルマの浄化のために、性別、人種、健康、貧富、美醜などの制約をわきまえて転生します。

五次元霊界の人々も、指導霊の指示によって自己決意で転生しますが、制約や選択の幅はかなり自由になります。しかし、彼らの魂は大きいので、肉体界で出世し指導者となり、他者への影響力も強くなるので、もしサタンに傾くようなことがあると、その害は甚大なものとなります。

六次元霊界の人々は、自己決意のみで転生します。彼らの魂はあまりにも大きく、高次元の価値観を持ち、神の摂理を見抜く力があるので、肉体界の人々にとっては理解しがたい者と受け止められますが、発明や新理論を生む天才として人類文明の進化に大きく寄与しています。


七次元以上の魂が転生することはまれにありますが、転生する時は大きな使命を担っています。

七次元の者は利他愛の実践がその使命です。

八次元の者は、人類の危機に際して、如来や不動明王の要請によって、人類を啓蒙するために転生しますが、千年に一人か二人の割合です。彼らが肉体界に降りることは、人類にとって決して喜ばしいことではありません。なぜなら、それは人類が堕落しきった時だけだからです。

なお、地獄界の者は、天使に救済されて霊界の町に戻れない限りは、転生できません。

元来、サタンは神に反する存在のはずですが、実はここにサタンが存在する理由があるのです。つまり、魂が神の側につく利他愛に目覚めるか、サタンにつく我欲に執着するかは、サタンの存在がなければ判別ができないからです。ちょうど、闇が存在しなければ光も存在しないのと同じことです。そして、光が永遠の存在であるならば、闇（サタン）も不滅の存在でなければならないのです。

神にとって、この光と闇の自己矛盾の世界こそが、サタンを閉じ込める牢獄としての、時間のない三次元宇宙なのです。神は、サタンが誘う我欲への誘惑に打ち勝つための試練を人間に与えているのです。

一切が神の手の中にあるのです。

第三章

絶望と希望

一　国際連合に実質的な権利を

さて、ここまで人類にとって最大の謎であり続けた人類の存在理由を解明してきましたが、それも、もはや無意味なものとなろうとしています。それは、我・不動明王が神の命を受け、カルラを解き放ち、地球の全生物を滅亡させる未来を選択しているからです。

しかし、神の決定する未来には、〝揺らぎ〟があることは前述したとおりです。人類が目覚めの神性を取り戻し、すべてのサタンを追い払い、利他愛を実践するなら、その災いは回避できる余地が残されています。

不動明王は、最終手段として私の魂に入り込み、真理を悟らせ、本書を周知させることで人類の教化を図ろうとしています。そして、もし人類がこの災いを回避できるならば、その魂は大きく成長し、多くは五次元以上の者となり、至福の未来が約束されています。

しかし、この真理を人類が悟らず、今までのパラダイムの一大転換を果たさなければ、存続は不可能となります。人間の本質は、外的な肉ではなく、内的な霊的魂であり、その魂はすべて神の分魂ですから、本来、人類はみな兄弟なのです。

今こそ、神性の格率を誰もが先天的に持っていることに気づき、それに従って利他愛を実践し得る社会を構築しなくてはならないのです。

現人類は、あまりにも幼稚な覇権主義による、不平等で不合理な社会構造に甘んじてきました。今や、人類滅亡の危機が迫っているのです。国家という社会形態を改め、すべてのナショナリズムを捨て、今こそ世界国家の実現を目指さなければなりません。

その第一歩として、現在は特定の覇権国家の傀儡《かいらい》にすぎない国際連合に実質的な権利を持たせることが必要です。さらに、人類を最も堕落させている金銭欲を抑制することが急務であり、そのためには物的価値観の最高位となったお金を、その地位から引きずり下ろさなければなりません。

しかし、グローバル化したマネー資本主義経済を、特に拝金主義者たちは止めようとしないでしょう。

そこで、お金そのものの価値を下げることが必要となってきます。

私は、国連が「国連券」を発行することを提案します。国連加盟各国が、分担金とは別に、各国のＧＤＰの定率を国連税として納め、国連はその税金をすべて国連券に変換し、使途の限定された国際通貨とします。全加盟国の難民、貧民の援助金として限定するのです。

また、国連券は認定された受給者本人のみが使用できますが、特例として、小児、障害者の保護監督者にはその代理権が認められます。使途の内訳は、衣糧費、学費、医療費、住居費に限定されます。なお、食糧費には酒類等の嗜好品は含まれません。

加えて、国連券の譲渡、預金、投機は一切許されず、他の通貨との換金は国連の管理下でのみ行われます。国連税は、他の国際通貨か国連券での金納が認められます。

以上の法に抵触する者は、厳しい処罰の対象となります。なお、この事業に必要な人材は、現在各国の社会奉仕に携わる職員で十分に事足ります。

このように、国連税は、援助を必要とする多くの貧民を抱える発展途上国にとってはプラスとなりますが、先進国や富裕層の人々にとっては不利益なものとなり得ます。しかし、この納税こそが利他愛の実践であり、魂の成長において真の利益となるのです。今餓死しようとしている子どもが、ソウルメイトで、前生のわが子だったかもしれない、という思いを持ち続けることです。それは真実なのですから。

国連券の意義は、自己保存さえ困難な貧しい人々を救済するだけでなく、拝金主義者のマネーゲームによる金融破綻が人命にかかわるほどの恐慌を引き起こす防御ともなります。お金の価値が下がり続け、人類のお金に対する価値観も下がるからです。

やがて、マネーゲームそのものが、ただのゲームと化してしまうことでしょう。国連券では酒もたばこもギャンブルも楽しめないので、たとえ怠け者の受給者がいても、彼らは、国連券を失業時のセイフティーネットと捉えるようになり、労働を生活のためにやらされているという隷属感から解放されます。それどころか、神性の格率による仕事である、と捉えるようになり、企業に不正があるならそれと戦い、正義を実行できる力を得ます。

このことが、やがて全人類が正義感を持つに至り、多くの正義の行為が堂々と実行されることへとつながっていきます。今までの拝金主義者や贅沢三昧のエゴイストは鳴りを潜め、今日まで陰で金融、軍需、マスメディア、多くの有事を操ってきた悪魔の陰謀の組織も暴き出され、人類は平和を勝ち取るのです。そして、地球温暖化阻止策が徹底的に遂行され、人類は地球金星化という、全生物の滅亡の危機を脱します。それは神の未来選択が変わり、不動明王がカルラを解放しない、ということを意味します。

二　神が意図する未来も人類次第

存続を勝ち得た人類の多くは、真理の悟りとゆとりから、利他愛の実践者となり、ナショナリズムもイデオロギーも捨て去り、国家を必要としなくなります。そして世界国家の実現へと向かい、すべての労働はお金のためではなく、利他愛の実行、つまり奉仕として行われるようになります。

人類は存続し、子孫に正義と利他愛という精神的財産を遺し、四世代後には、ほとんどの人類の魂は五次元以上のものとなります。彼らは神性の格率を持ち、聡明で慈悲深く、自己実現力が強くなり、さまざまな発明、イノベーションを実現し、先祖が遺した自然環境破壊や資源の枯渇という負の遺産を消化していきます。そして、差別、貧富、労使、刑法、租税、そして貨幣のない、自由と平等が両立した至福に満ちた世界国家を実現します。

殺人行為をしなくなった人類は、やがて前生記憶の消去の掟から解放され、悪しきカルマを解消し、多くの魂は、輪廻転生を必要としなくなります。その結果、実体界に守護実体として留まり、実体界の行である、個としての自我の解消を図ります。彼らは、神の無限の無に近づき、神の光、つまり真の利他愛（アガペーの愛）の具現者となり、実体として新しい星を生み、神の分魂を育む守護実体となり、形体形成による生物の進化を行い、魂が自己成長し得る知的生命体、つまり人類を作りだし、その人類から神と呼ばれる存在となるのです。

われわれ人類が貪欲のサタンを追い払い、ハルマゲドンを収束させ、神の未来決定を覆し、不動明王への命《めい》を撤回し、存続を許されるなら、多くの星々の守護実体、つまり守護神となり、創世神の意図する三次元宇宙の拡充の功労者となるのです。そして、全三次元宇宙で、守護神の輩出において、トップクラスの肉体行の学び舎となった地球は有名になり、他の星の実体界において秀でた多くの魂が留学生として地球人類の霊団に加わります（前生記憶を持つ古代人の時代にはあったことですが）。

彼らによって異文明の知識を得た人類は、「真の今」のトンネルを捉え、神の光そのものをエネルギーとする時空を超越する乗り物を作ることでしょう。そして三次元宇宙を広く旅し、神の意図の理解者として、進化途上にある星の人類と遺伝子交配し、進化させ、文明を与え、生き神として崇《あが》められる存在となるのです。われわれ地球人類の祖先である異星人のように。

地球人類が、われわれの曾孫の時代まで存続するならば、この栄ある未来は約束されています。なぜなら、その曾孫たちの一人は、この真理を悟り、五次元へとグレードアップしたあなたの魂が転生したものに他ならないからです。

未来は神の意図ではありますが、人類の未来はわれわれのあり方に関わっています。人類が貪欲を捨て、足ることに感謝し、利他愛を実践するならば、神は人類に至福に満ちた栄光の未来を授けてくれるのです。

ハルマゲドンを招いたのは、民族や宗教やイデオロギーの対立ではなく、貪欲と化した人類の個々人における金銭欲です。その抑制策として、私は「国連券」を提言してきましたが、キリスト教クラブと言われるEUにおける現在の不協和から見て取れるように、国家を越えて大事業を成し遂げられるほど、現人類は成熟していないのが実情です。

ただ、私としては、何らなすすべもなく、人類が滅びいくのを座視するに忍びません。それゆえ、切歯扼腕《せっしやくわん》の思いで一私案を試み、本書を上梓するに至ったのです。

最も肝要なことは、人類の一人一人が、真理を悟り、目醒《ざ》め、利他愛を実践することに尽きます。

このまま人類が省みなければ、不動明王は二〇一三年の春にカルラを解き放ちます。

謝辞

本書の出版にあたって、最善の選択としてたま出版とコネクションをつくっていただいた瀬戸山功氏、私の乱筆乱文を見事に校正していただいた金子邦彦氏、写真を提供していただいた永野敬子氏、本書の上梓実現のご協力を感謝致します。

☆著者プロフィール

下塚 誠（しもつか まこと）

1953年生まれ。神戸市出身。俳優。

NTV「スーパーロボット　マッハバロン」（主演）にて、1974年にデビュー。

NHK 銀河 TV 小説「早春の光」（主演・1976年）。

テレビ朝日「破れ奉行」フジテレビ「銭形平次」のレギュラー出演等、テレビ、映画、舞台で多数出演。

劇団活動では、「地獄物語」「戦場のボレロ」等で脚本、演出を手掛ける。

霊能宗教家の家に生まれ、自身、幼少期から強い霊感を持ち、「鎮魂法」という瞑想行を修得。守護神、不動明王から降魔の剣を授かり、時空を自在に旅し、宇宙、人類の存在がすべて創世神の意図であると悟りを得る。

神の選択　終末への序曲

2010 年 3 月 3 日　初版第 1 刷発行

著　者　下塚 誠
発行者　韮澤 潤一郎
発行所　株式会社 たま出版
〒 160-0004 東京都新宿区四谷 4-28-20
☎ 03-5369-3051（代表）
http://tamabook.com
振替　00130-5-94804
印刷所　株式会社 エーヴィスシステムズ

ISBN978-4-8127-0301-4　C0011